定期テスト ズバリよくでる 英語 1年

もくじ

取り外してお使いください 赤シート+直前チェックBOOK,別冊解答

※全国の定期テストの標準的な出題範囲を示しています。学校の学習進度とあわない場合は,「あなたの学校の出題範囲」欄に出題範囲を書きこんでお使いください。

Step 1 基本チェック Let's Be Friends! ~ Unit 1 Here We Go!

10分

赤シートを使って答えよう！

❶ [アルファベット(大文字)]

- □ ① A B C D E [F]
- □ ② G H I [J] K L
- □ ③ M N O P [Q] R S
- □ ④ T U V [W] X Y Z

❷ [アルファベット(小文字)]

- □ ① a b c d [e] f
- □ ② g h [i] j k l
- □ ③ m n o p q [r] s
- □ ④ [t] u v w x y z

❸ [I am ～.の文]

- □ ① 私はユウジです。　I [am] Yuji.
- □ ② 私は生徒です。　[I'm] a student.
- □ ③ 私は北海道出身です。　[I'm] from Hokkaido.

解答欄

❶ ①　②　③　④

❷ ①　②　③　④

❸ ①　②　③

POINT

❸ [I am ～.の文]

「私は～です。」と言うときは，I am ～.で表す。文は大文字で書き始め，I「私は[が]」はいつも大文字で書く。amは動詞の仲間で，be動詞とよばれる。

・I'm Eri!　[私は絵里です。]
- I'm：I amの短縮形
- !：文の終わりには，ピリオド(.)を付ける
- Eri：人名や地名の最初の文字は大文字で始める

・I'm a student there.　[私はそこの生徒です。]
- a：「1つ[1人・1匹など]の」を表すときは名詞の前にaを置く

・I'm from Japan.　[私は日本出身です。]
- from：出身地を表すときはfromを用いる

❹ [一般《いっぱん》動詞の肯定《こうてい》文・否定文]

□ ❶ 私は冬が好きです。

I [like] winter.

□ ❷ 私は野球が好きではありません。

I [do] [not] like baseball.

□ ❸ 私はトランペットを演奏しません。

I [don't] [play] the trumpet.

❺ [助動詞canの肯定文・否定文]

□ ❶ 私はサッカーをすることができます。

I [can] [play] soccer.

□ ❷ 私は速く走ることができません。

I [can't [cannot]] [run] fast.

解答欄

❹
❶
❷
❸

❺
❶
❷

POINT

❹ [一般動詞の肯定文・否定文]

①likeやplayなど，心の動きや体の動きなどを表す動詞を一般動詞という。

②〈I＋一般動詞 ....〉の語順で「私は～します。」という意味を表す。

・I like spring.　[私は春が好きです。]
　└〈主語＋一般動詞〉

③〈I＋don't＋一般動詞 ....〉の語順で「私は～しません。」という意味を表す。

・I don't like spring.　[私は春が好きではありません。]
　└〈主語＋don't＋一般動詞〉　don'tはdo notの短縮形

❺ [助動詞canの肯定文・否定文]

①「～(することが)できる」と言うときは，動詞の前にcanを置く。canは動詞と一緒に使い，動詞に意味を加える語で，助動詞という。

　I play the drums.　[私はドラムを演奏します。]

・I can play the drums.　[私はドラムを演奏することができます。]

②「～できない」と言うときは，動詞の前にcan'tを置く。

・I can't play the drums.　[私はドラムを演奏することができません。]
　└cannot (canの否定形)の短縮形

Step 2 予想問題 Let's Be Friends! ～ Unit 1 Here We Go!

40分 (1ページ10分)

❶ 次のアルファベットを，大文字は小文字に，小文字は大文字にかえて書きなさい。

□ ① A ＿＿＿＿　□ ② H ＿＿＿＿　□ ③ b ＿＿＿＿
□ ④ D ＿＿＿＿　□ ⑤ G ＿＿＿＿　□ ⑥ e ＿＿＿＿
□ ⑦ y ＿＿＿＿　□ ⑧ q ＿＿＿＿　□ ⑨ F ＿＿＿＿
□ ⑩ I ＿＿＿＿　□ ⑪ L ＿＿＿＿　□ ⑫ m ＿＿＿＿
□ ⑬ N ＿＿＿＿　□ ⑭ r ＿＿＿＿　□ ⑮ T ＿＿＿＿

❷ 次の数字を英語にしなさい。

□ ① 3 ＿＿＿＿　□ ② 7 ＿＿＿＿　□ ③ 11 ＿＿＿＿
□ ④ 12 ＿＿＿＿　□ ⑤ 18 ＿＿＿＿　□ ⑥ 20 ＿＿＿＿
□ ⑦ 24 ＿＿＿＿＿＿＿＿　□ ⑧ 100 ＿＿＿＿ ＿＿＿＿

❸ 次の①～⑥は意味を日本語で書き，⑦～⑱は英語にしなさい。

□ ① festival (　　　　)　□ ② cool (　　　　)
□ ③ well (　　　　)　□ ④ fast (　　　　)
□ ⑤ spring (　　　　)　□ ⑥ there (　　　　)
□ ⑦ 美しい，きれいな ＿＿＿＿　□ ⑧ 本，書物 ＿＿＿＿
□ ⑨ ～に会う ＿＿＿＿　□ ⑩ やあ，こんにちは ＿＿＿＿
□ ⑪ 秋 ＿＿＿＿　□ ⑫ 場所 ＿＿＿＿
□ ⑬ 野球 ＿＿＿＿　□ ⑭ 泳ぐ，水泳する ＿＿＿＿
□ ⑮ ダンスをする，踊《おど》る ＿＿＿＿　□ ⑯ 走る，駆ける ＿＿＿＿
□ ⑰ ～を演奏する ＿＿＿＿　□ ⑱ 学生，生徒 ＿＿＿＿

ヒント

❶ ミスに注意
形がよく似た文字に注意。
bとd，gとpとqなど。

❷
⑤13～19は語尾《ごび》に-teenがつく。
⑥20，30，…，90は語尾に-tyがつく。
⑦20と4を表す語を-で結ぶ。

❸
⑤⑪
●季節の名前
春　spring
夏　summer
秋　fall
冬　winter

⑥話し手から離《はな》れた場所を指すときに使う。
⑧oが2つ続くことに注意。
⑩lが2つ続くことに注意。

❹ 次の日本語に合う英文になるように，____に適切な語を書きなさい。

□ ① 私は道に迷っています。

I'm ____.

□ ② ありがとう，トム。

____, Tom.

□ ③ さあ，行こう[始めよう]。

____ we ____!

□ ④ 私はカナダ出身です。

____ ____ Canada.

□ ⑤ 私をナナとよんでください。

____ ____ Nana.

□ ⑥ 私は夏が好きではありません。―どうしてですか。

I don't like summer. ― ____ not?

□ ⑦ 私は10歳です。

I'm 10 ____ ____.

□ ⑧ 私はフルートを演奏します。あなたはどうですか。

I play the flute. ____ ____ you?

□ ⑨ 私は夏があまり好きではありません。

I don't like summer ____ ____.

□ ⑩ はじめまして。

____ to ____ you.

□ ⑪ 見て，リエ。

____, Rie.

ヒント

❹

①建物《たてもの》の中で迷った場合などにも使う。

② 2語でThank you.とも言う。

③決まった表現として覚えておこう。

④be動詞と「～出身(の)」を表す語を使う。

⑤「～をよぶ」はcall。

⑥「なぜ，どうして」と理由をたずねる疑問詞が入る。

⑦ **ミスに注意**
年《ねん》齢《れい》を表す表現。「1歳」はone year oldだが，2歳以上のときは？

⑧「どんな具合に，どんなふうに」を表す語とabout「～について(の)，～に関して」を使う。

⑩初対面の挨拶《あいさつ》。

❺ 次の文を(　)内の指示にしたがって書き替《か》えるとき，＿＿に適切な語を書きなさい。

□ ① I'm <u>Ken</u>.　(下線部を「音楽家」という意味にかえた文に)

I'm ______ ______.

□ ② I <u>like</u> volleyball.　(下線部を「～をする」という意味にかえた文に)

I ______ volleyball.

□ ③ I like yogurt.　(否定文に)　I ______ ______ yogurt.

□ ④ I dance well.　(canを使った文に)

I ______ ______ well.

□ ⑤ I can swim fast.　(否定文に)

I ______ ______ fast.

❻ 次の日本語に合う英文になるように，(　)内の語を並べ替えなさい。

□ ① 私は神奈川出身です。

(from / am / Kanagawa / I).

______.

□ ② 私はここの生徒です。

(a / I'm / student) here.

______ here.

□ ③ 私は牛乳が好きではありません。

(like / I / milk / don't).

______.

□ ④ 私はピアノをひくことができます。

(play / I / piano / can / the).

______.

□ ⑤ 私は上手に野球をすることができません。

(can't / I / baseball / play / well).

______.

ヒント

❺

③一般《いっぱん》動詞の現在の否定文ではdon'tを使う。

④動詞の前に「～できる」を表す語を置く。

⑤否定文ではcan't [cannot]を使う。

❻

②英語では，「私は～です」+「生徒」+「この」の語順。

③英語では「私は～ではありません」+「好きである」+「牛乳が」の語順。

④ ⊗ | ミスに注意
「(楽器)を演奏する」と言うとき，楽器名の前にtheを付け忘れないように注意。

❼ 次の英文を日本語にしなさい。

□ ① Call me Aki.
(　　　　　　　　　　　　　　　　　　　　)

□ ② I like movies and books.
(　　　　　　　　　　　　　　　　　　　　)

□ ③ I can do judo, but I can't do karate.
(　　　　　　　　　　　　　　　　　　　　)

□ ④ Nice to meet you.
(　　　　　　　　　　　　　　　　　　　　)

❽ 次のような場合，あなたならどう言いますか。あなた自身の立場で， 3 語以上の英文で答えなさい。

点UP □ ① 自分の好きな季節を伝える場合。

点UP □ ② 自分が好きではない色を伝える場合。

□ ③ 自分はフルートを吹《ふ》くことができることを伝える場合。

❾ 次の人物になったつもりで，①～④についての自己紹介《しょうかい》の文を 1 つずつ英語で書きなさい。

① 名前：Tanaka Kentaro
② よんでほしいニックネーム：ケン(Ken)
③ 出身地：広島(Hiroshima)
④ 好きなもの：バスケットボール

□ ①

□ ②

□ ③

□ ④

ヒント

❼
① Call me ～.で「私を～とよんでください」という意味。
② and は「～と…」という意味で，語(句)と語(句)，文と文を結ぶ働きをする。
③ but は「しかし，だが，けれども」という意味。do は「～をする」という意味。

❽
②
●色の名前
black(黒)
blue(青)
green(緑色)
pink(桃色，ピンク色)
purple(紫色)
red(赤)
yellow(黄色)
white(白)など

❾
① 名前は〈名＋姓《せい》〉の順で表してもよい。
②「私を～とよんでください。」とする。
④「私はバスケットボールが好きです。」という文にする。

教科書 pp.6-36

Step 3 予想テスト Let's Be Friends! ~ Unit 1 Here We Go!

30分　　/100点　目標 80点

❶ 次の日本語に合う英文になるように，____に入る適切な語を書きなさい。知　20点（各5点）

❶ ありがとう。　______.

❷ 私をジュンとよんでください。　______ ______ Jun.

❸ 私は麺類《めんるい》があまり好きではありません。　I don't like noodles ______ ______.

❹ 私は15歳です。　I'm 15 ______ ______.

❷ 次の日本語に合う英文になるように，(　)内の語を並べ替《か》えなさい。知　15点（各5点）

❶ 私は剣道《けんどう》をしません。（ don't / *kendo* / do / I ）.

❷ 私は上手にサッカーをすることができます。
(play / can / soccer / I / well).

❸ 私はフルートを演奏することができません。
(can't / the / I / play / flute).

❸ 次の対話文の□に適切な文を下から選び，記号で答えなさい。知　10点（各5点）

❶ *Tina:* I'm Tina.
Eri: I'm Eri. □

㋐ Nice to meet you.　㋑ Look.　㋒ Thanks.

❷ *Kota:* I don't like spring.
Tina: □
Kota: I …. Achoo!!

㋐ Thanks.　㋑ Cool.　㋒ Why not?

❹ 次の対話文を読んで，後の問いに答えなさい。知　35点（各7点）

Tina: Hello. I'm Tina. ①(　　)(　　) New York. I like music and sports. ②I (　　)(　　) and play the drums.
Eri: You can play the drums!
Tina: Yes. It's fun.
Eri: I can't play the drums, but I can play the piano.
Tina: Cool.

❶ 下線部①が「私はニューヨーク出身です。」という意味になるように，(　)に入る適切な語を書きなさい。

❷ 下線部②が「私は泳ぐこととドラムを演奏することができます。」という意味になるように，(　)に入る適切な語を書きなさい。

❸ 次の文が本文の内容に合っていれば○を，合っていなければ×を書きなさい。

ⓐ Tinaはスポーツが好きではない。

ⓑ Eriはドラムを演奏することができない。

ⓒ Eriはピアノを演奏することができる。

❺ あなた自身について，❶「私は～が好きです。」，❷「私は～することができます。」という意味の英文を書きなさい。 表

20点（各10点）

❶	❶		❷	
	❸		❹	
❷	❶ .			
	❷ .			
	❸ .			
❸	❶	❷		
❹	❶		❷	
	❸ ⓐ	ⓑ	ⓒ	
❺	❶			
	❷			

Step 1 基本チェック　Unit 2 Club Activities

5分

赤シートを使って答えよう！

❶ [You are ～.の文]

□ ① あなたはサッカーファンです。

[You] [are] a soccer fan.

□ ② あなたはニューヨーク出身ですか。

[Are] [you] from New York?

❷ [一般《いっぱん》動詞の疑問文]

□ あなたは音楽が好きですか。

[Do] [you] like music?

❸ [canの疑問文]

□ あなたは泳ぐことができますか。

[Can] you swim?

解答欄

❶

❷

POINT

❶ [You are ～.の文]

①「あなたは～です。」と言うときは，You are ～.で表す。

I　am a new student.　[私は新入生です。]

・You are a new student.　[あなたは新入生です。]

②「あなたは～ですか。」とたずねるときは，Are you ～?で表す。

・Are you a new student?　[あなたは新入生ですか。]

— Yes, I am. / No, I'm not.　[はい，そうです。／いいえ，違《ちが》います。]

❷ [一般動詞の疑問文]

likeやplayなどの一般動詞を使った文を疑問文にするときは，主語の前にdoを置く。

I　play the trumpet.　[私はトランペットを演奏します。]

・Do you play an instrument?　[あなたは楽器を演奏しますか。]

— Yes, I do. / No, I don't.　[はい，します。／いいえ，しません。]

❸ [canの疑問文]

canを使った文を疑問文にするときは，主語の前にcanを置く。

I　can read it.　[私はそれを読むことができます。]

・Can you　read it?　[あなたはそれを読むことができますか。]

— Yes, I can. / No, I can't[cannot].　[はい，できます。／いいえ，できません。]

Step 2 予想問題 Unit 2 Club Activities

30分
(1ページ10分)

❶ 次の①〜⑥は意味を日本語で書き，⑦〜⑭は英語にしなさい。

□ ① draw (　　　　)　□ ② science (　　　　)

□ ③ practice (　　　　)　□ ④ athlete (　　　　)

□ ⑤ Tuesday (　　　　)　□ ⑥ activity (　　　　)

□ ⑦ はい，そうです ________　□ ⑧ いいえ，いや ________

□ ⑨ ときどき，ときには ________　□ ⑩ 木曜日 ________

□ ⑪ 〜を書く ________　□ ⑫ 〜を食べる ________

□ ⑬ これ ________　□ ⑭ 〜を飲む ________

❷ 次の文の(　)に適切な語(句)を下から選び，記号を○で囲みなさい。

□ ① I play the piano (　　) Fridays.
　㋐ in　㋑ on　㋒ to

□ ② (　　) you from Osaka?
　㋐ Are　㋑ Do　㋒ Can

□ ③ (　　) you like table tennis?
　㋐ Are　㋑ Do　㋒ Am

□ ④ You are new (　　).
　㋐ student　㋑ students　㋒ a student

□ ⑤ *A:* Can you read this?
　B: Yes, I (　　).
　㋐ am　㋑ do　㋒ can

□ ⑥ *A:* Do you like winter?
　B: No, I (　　).
　㋐ not　㋑ don't　㋒ can't

点UP □ ⑦ *A:* What's this?
　B: (　　) a rabbit.
　㋐ It　㋑ This　㋒ It's

ヒント

❶
② scienceのつづりにも注意。
⑤⑩

●曜日の名前
月曜日　Monday
火曜日　Tuesday
水曜日　Wednesday
木曜日　Thursday
金曜日　Friday
土曜日　Saturday
日曜日　Sunday

❷
② 文中に一般動詞がないことから考える。
③ 文中に一般動詞likeがある。
④ ミスに注意
youは単数形も複数形も同じ。newの前にaがないことに注意。
⑤ Can 〜?に対する答え。
⑥ Do 〜?に対する答え。
⑦ What's this?は「これは何ですか。」という意味。

❸ 次の日本語に合う英文になるように，＿＿に適切な語を書きなさい。

□ ❶ 私の後について言ってください。

Repeat ＿＿＿＿ ＿＿＿＿.

□ ❷ 入りなさい。

Come ＿＿＿＿.

□ ❸ 私は少しピアノをひきます。

I play the piano ＿＿＿＿ ＿＿＿＿.

点UP □ ❹ ここが吹奏楽《すいそうがく》部です［ここに吹奏楽部があります］。

＿＿＿＿ the brass band.

□ ❺ 私はスポーツに興味を持っています。

I'm ＿＿＿＿ ＿＿＿＿ sports.

□ ❻ ありがとうございます。

＿＿＿＿ ＿＿＿＿.

❹ 次の文を（　）内の指示にしたがって書き替《か》えるとき，＿＿に適切な語を書きなさい。

□ ❶ I am a bookworm.　（下線部を「あなたは」という意味にかえた文に）

＿＿＿＿ ＿＿＿＿ a bookworm.

□ ❷ You ride a unicycle.　（疑問文に）

＿＿＿＿ ＿＿＿＿ ＿＿＿＿ a unicycle?

□ ❸ You are Ken.　（疑問文に）

＿＿＿＿ ＿＿＿＿ Ken?

□ ❹ You can make *sukiyaki*.　（疑問文に）

＿＿＿＿ ＿＿＿＿ ＿＿＿＿ *sukiyaki*?

点UP □ ❺ I am a soccer fan.　（下線部を「あなたたちは」という意味にかえた文に）

＿＿＿＿ are ＿＿＿＿ ＿＿＿＿.

ヒント

❸

❶「～の次に，～の後に［で］」はafter。

❸「少し，多少，やや」はlittle。

❹「ここに～があります。」と言うときの決まった表現。

❺「興味［関心］を持っている」はinterested。

❹

❶ ミスに注意

主語がIからyouになるので，be動詞も主語に合うものに替える。

❷一般《いっぱん》動詞の疑問文は，主語の前にdoを置く。

❹canを使った文の疑問文は，主語の前にcanを置く。

❺主語が複数形になると，be動詞に続く名詞（ここではfan）も複数形になる。

5 次の日本語に合う英文になるように，(　)内の語を並べ替えなさい。

□ 1 あなたはオーストラリア出身ですか。
(you / are / Australia / from)?

________________________________?

点UP □ 2 私は決してコーヒーを飲みません。
(drink / never / coffee / I).

________________________________.

□ 3 あなたはタコを描くことができますか。
(an / can / draw / octopus / you)?

________________________________?

□ 4 あなたはここで野球をしますか。
(here / play / do / baseball / you)?

________________________________?

6 次の問いにあなた自身の立場で，３語の英文で答えなさい。

□ 1 Are you a basketball fan?

____

□ 2 Do you play the drums?

____

□ 3 Can you write “tiger” in *kanji*?

____

7 次の日本語を英文にしなさい。

□ 1 あなたは上手に踊《おど》ることができますか。

____

点UP □ 2 あなたは屋外のスポーツに興味を持っていますか。

____

ヒント

5
1 You are ～. の疑問文。
2「決して～ない」はneverを使う。

●頻度《ひんど》を表す副詞
※原則として一般動詞の前に置く。
always　いつも，常に
usually　普通《ふつう》は，いつもは
sometimes　ときどき，ときには
never　決して～ない

3 anは母音《ぼいん》で始まる語の前で「１つ[１人，１匹など]の」という意味。

6
1～3 それぞれyesかnoで答える。

7
1「上手に」= well
2「屋外の」= outdoor

Step 3 予想テスト　Unit 2 Club Activities

30分　/100点　目標 80点

❶ 次の日本語に合う英文になるように，____に入る適切な語を下から１つずつ選んで書きなさい。知　15点（各5点）

① トム，ここが演劇部です。　Tom, ______ the drama club.

② 私の後について言ってください。　Repeat ______ me.

③ 入りなさい。　Come ______.

after	in	it	here's	on

❷ 次の日本語に合う英文になるように，(　)内の語を並べ替《か》えなさい。知　18点（各6点）

① あなたはピアノを演奏することができますか。
(you / piano / can / play / the)?

② あなたはときどき踊《おど》りますか。
(you / dance / do / sometimes)?

③ あなたは陸上競技チームに興味を持っていますか。
(you / in / the / team / are / track / interested)?

❸ 次の対話文の□に適切な文を下から１つずつ選び，記号で答えなさい。知　12点（各6点）

① *A:* Are you from Kyoto?
B: □ I'm from Osaka.

② *A:* Do you play baseball?
B: □ I play basketball, too.

㋐ Yes, I am.　㋑ Yes, I do.　㋒ Yes, I can.
㋓ No, I'm not.　㋔ No, I don't.　㋕ No, I can't.

❹ 次の会話文を読んで，後の問いに答えなさい。知 表　35点（各7点）

Mr. Utada: ①(　　) (　　) (　　) music?
Kota and Tina: Yes!
Mr. Utada: Great. Do you play an instrument?
Kota: ②(　　), I (　　). I play the trumpet a little.
Mr. Utada: Really? Do you practice it every day?
Kota: No, I don't. I practice it on weekends.
Mr. Utada: Fine. We usually practice on Mondays, Wednesdays, and Fridays. Come and play with us!

❶ 下線部①が「あなたたちは音楽が好きですか。」という意味になるように，(　)に入る適切な語を書きなさい。

❷ 下線部②の(　)に入る適切な語を書きなさい。

❸ 次の文が本文の内容に合っていれば○を，合っていなければ×を書きなさい。

ⓐ Kotaはトランペットを少し演奏する。

ⓑ Kotaは毎日トランペットを練習する。

ⓒ Mr. Utadaは，自分たちはいつもは週に3日練習すると言っている。

❺ 次のような場合，英語で何と言えばよいか書きなさい。[表]

20点(各10点)

❶ 相手に，速く泳ぐことができるかとたずねる場合。

❷ 相手に，日曜日にサッカーをするかとたずねる場合。

❶	❶	❷	❸	
❷	❶ ?			
	❷ ?			
	❸ ?			
❸	❶	❷		
❹	❶			
	❷			
	❸ ⓐ	ⓑ	ⓒ	
❺	❶			
	❷			

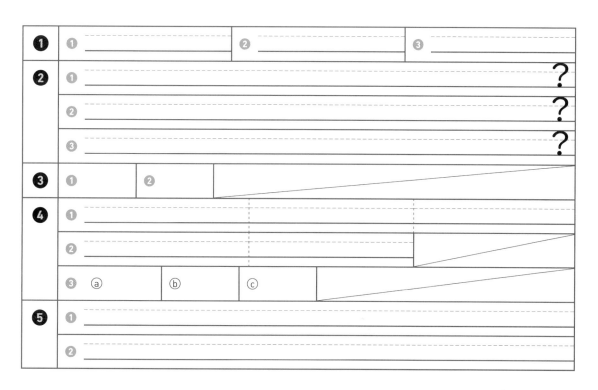

教科書 pp.48-61

Step 1 基本チェック　Unit 3 Enjoy the Summer ～ You Can Do It! 1

10分

赤シートを使って答えよう！

❶ [What do you ～?の文]

解答欄

□ ❶ あなたは何を演奏しますか。
—私はギターを演奏します。
[What] do you play?
— I [play] the guitar.

□ ❷ あなたは週末に何を練習しますか。
—私はサッカーを練習します。
[What] do you practice on weekends?
— I [practice] soccer.

❷ [動詞の -ing形]

□ ❶ 私はギターを演奏することが好きです。
I like [playing] the guitar.

□ ❷ あなたは一輪車に乗ることが好きですか。
Do you like [riding] a unicycle?

POINT

❶ [What do you ～?の文]

「あなたは何を～しますか。」とたずねるときは，What do you ～?で表す。
答えるときはyes / noは使わず，「何」とたずねられたものを答える。

・What do you do during the summer vacation?　[あなたは夏休みの間に何をしますか。]
— I usually visit my grandparents.　[私は普通《ふつう》は祖父母を訪ねます。]

❷ [動詞の -ing形]

動詞の語尾《ごび》を -ing形にすると「～すること」という名詞と同じような働きをする。「私は～することが好きです。」と言うときは〈I like＋動詞の -ing形.〉とする。

・I like dancing.　[私はダンスをすることが好きです。]
　名詞と同じような働きをする
・Do you like dancing?　[あなたはダンスをすることが好きですか。]

❸ [want to＋動詞の原形]

□ ❶ 私はトランペットを演奏したいです。
I [want] [to] play the trumpet.

□ ❷ 私は沖縄へ行きたいです。
I [want] [to] [go] to Okinawa.

□ ❸ あなたは泳ぎたいですか。
Do you [want] [to] swim?

□ ❹ あなたは牛乳を飲みたいですか。
Do you [want] [to] [drink] milk?

□ ❺ 私は走りたくありません。
I don't [want] [to] [run].

解答欄

❶

❷

❸

❹

❺

POINT

❸ [want to＋動詞の原形]

〈to＋動詞の原形〉は「～すること」という名詞と同じような働きをする。「私は～したいです。」と言うときは〈I want to＋動詞の原形 ….〉とする。
動詞の原形とは，動詞の変化していない元の形のこと。

※〈want to＋動詞の原形〉「～することを望む」→「～したい(と思う)」

I want that blue balloon. [私はあの青い風船が欲しいです。]
└名詞句

・I want to get that blue one. [私はあの青いのを手に入れたいです。]
├名詞と同じような働きをする
・Do you want to try it? [あなたはそれをやってみたいですか。]

教科書 pp.48-61

Step 2 予想問題 Unit 3 Enjoy the Summer ~ You Can Do It! 1

40分
(1ページ10分)

❶ 次の①～⑥は意味を日本語で書き，⑦～⑯は英語にしなさい。

□ ① climb (　　　)　□ ② walk (　　　)

□ ③ favorite (　　　)　□ ④ they (　　　)

□ ⑤ really (　　　)　□ ⑥ beach (　　　)

□ ⑦ 山 ＿＿＿＿　□ ⑧ (人)を訪問する ＿＿＿＿

□ ⑨ インターネット ＿＿＿＿　□ ⑩ コンピュータ ＿＿＿＿

□ ⑪ 重い ＿＿＿＿　□ ⑫ 人々 ＿＿＿＿

□ ⑬ ～を楽しむ ＿＿＿＿　□ ⑭ (場所に)とどまる ＿＿＿＿

□ ⑮ ～を歌う ＿＿＿＿　□ ⑯ 車，自動車 ＿＿＿＿

ヒント

❶

① climbのbは発音しない。

④ theyは，he，she，itの複数形。

⑤ Really? で「えっ，ほんと？」という意味。

⑫ 複数扱いの語。

❷ 次の語で最も強く発音する部分の記号を答えなさい。

□ ① fire-work
　　ア　イ
(　　)

□ ② mu-se-um
　　ア　イ　ウ
(　　)

❷

② 日本語とはアクセントが異なる。

❸ 次の文の(　)に適切な語(句)を下から選び，記号を○で囲みなさい。

□ ① I want to (　　) a museum.
㋐ take　㋑ go　㋒ visit

□ ② Do you go to the park (　　) your family?
㋐ with　㋑ in　㋒ on

□ ③ Do you want (　　) birds?
㋐ watch　㋑ watching　㋒ to watch

□ ④ *A:* Do you like Japan?
B: (　　) course.
㋐ In　㋑ Of　㋒ To

点UP □ ⑤ *A:* (　　) that?
B: It's a yacht.
㋐ What　㋑ What's　㋒ Is

❸

① 1語で「(場所)へ行く」という意味を表す。goだとgo to a museumでなければならない。

② 「～と一緒に」を表す語。

③ ミスに注意
「あなたは鳥を見たいですか。」

④ 「もちろん，当然」と応じる。

⑤ 「あれは何ですか。」とたずねる表現。

[解答▶p.5]

❹ 次の日本語に合う英文になるように，＿＿に適切な語を書きなさい。

□ ❶ あなたは世界中を旅行したいですか。

Do you want to travel all ______ the ______?

□ ❷ 私はサッカーをするのが上手です。

I'm ______ ______ playing soccer.

□ ❸ 私は将来インドに行きたいです。

I want to go to India ______ the ______.

□ ❹ あなたは猫を何匹飼っていますか。

______ ______ cats do you have?

□ ❺ 私は古い(old)ビデオを見るのが好きです。―楽しそうだね。

I like ______ old videos.

— ______ fun.

□ ❻ 私は写真を撮《と》ることが好きです。

I like ______ ______.

□ ❼ あなたは音楽を聞くことが好きですか。

Do you like ______ ______ music?

□ ❽ あなたは普《ふ》通《つう》週末に何をしますか。

______ do you usually ______ on weekends?

□ ❾ 私は家にいたくありません。

I don't ______ ______ ______ home.

点UP □ ❿ あなたは何をやってみたいですか。

______ do you ______ ______ try?

点UP □ ⓫ 私の犬の名前はサブです。

______ ______ name is Sabu.

ヒント

❹

❶「世界」はworld。

❷「～が上手だ，うまい」はgoodを使う。

❸「将来」はfuture。

❹howを使って「いくつ」と数をたずねるときの表現。

❺「楽しそうだね。」はsound「～に思われる」を使う。

❻ ⊗ミスに注意

「写真を撮る」はtake a picture。ここでは複数形を使う。

●動詞の-ing形
- そのまま＋-ing
  play→playing
- eをとって＋-ing
  take→taking
- 最後の文字を重ねて＋-ing
  swim→swimming

❾否定文になっても〈want to＋動詞の原形〉「～したい」の形は変わらない。「家にいる」はstay home。

❿「やってみる」はtryを使う。

❺ 次の文を(　)内の指示にしたがって書き替《か》えるとき，＿＿に適切な語を書きなさい。

□ ❶ I like <u>mountains</u>. (下線部を「山に登ること」という意味に)

I like ＿＿＿＿ ＿＿＿＿.

□ ❷ I <u>want a picture</u>. (下線部を「写真を撮《と》りたい」という意味に)

I want ＿＿＿＿ ＿＿＿＿ a picture.

□ ❸ I use <u>one</u> computer. (下線部をたずねる疑問文に)

＿＿＿＿ ＿＿＿＿ ＿＿＿＿ do you use?

点UP □ ❹ I go to school <u>on foot</u>. (下線部をたずねる疑問文に)

＿＿＿＿ ＿＿＿＿ ＿＿＿＿ go to school?

ヒント

❺

❶「～すること」を動詞の -ing形で表す。

❷「～したい」を〈to＋動詞の原形〉を使って表す。

❸ ⊗ | ミスに注意 数をたずねる疑問文にする。使う名詞は複数形にする。

❹下線部は交通手段を表す。

❻ 次の日本語に合う英文になるように，(　)内の語(句)を並べ替えなさい。

□ ❶ あなたは休みの間に何をしますか。

(you / during / what / do / do) the vacation?

＿＿＿＿＿＿＿＿＿＿＿＿ the vacation?

点UP □ ❷ 私は私の犬を散歩させるのが好きではありません。

(like / my dog / I / walking / don't).

＿＿＿＿＿＿＿＿＿＿＿＿.

□ ❸ あなたはスキーをしに行きたいですか。

(want / go / do / to / skiing / you)?

＿＿＿＿＿＿＿＿＿＿＿＿?

□ ❹ あなたは普通《ふつう》はどのようにして図書館へ行きますか。

(to / you / go / the library / do / usually / how)?

＿＿＿＿＿＿＿＿＿＿＿＿?

□ ❺ あなたは何冊のノートを使いますか。

(use / notebooks / many / you / do / how)?

＿＿＿＿＿＿＿＿＿＿＿＿?

❻

❶「～の間」はduring～。

❷「私は～するのが好きではありません。」を，〈I don't like＋動詞の -ing形 ....〉で表す。「(動物)を散歩させる」はwalk。

❸「～しに行く」はgo ～ing。

❹「どのようにして～」と方法をたずねるときはhowを使う。usuallyは普通，一般《いっぱん》動詞の前に置く。

❺「何冊の」と数をたずねる疑問文。

❼ 次の英文を日本語にしなさい。

□ ❶ What are those?
(　　　　　　　　　　　　　　　　　　　　　　　　)

□ ❷ They are like trumpets.
(　　　　　　　　　　　　　　　　　　　　　　　　)

□ ❸ I just practice the guitar during the summer vacation.
(　　　　　　　　　　　　　　　　　　　　　　　　)

点UP □ ❹ I like to talk to my friends.
(　　　　　　　　　　　　　　　　　　　　　　　　)

点UP □ ❺ What do you want to be in the future?
(　　　　　　　　　　　　　　　　　　　　　　　　)

❽ 次の問いにあなた自身の立場で，3語以上の英文で答えなさい。

□ ❶ Do you like surfing the Internet?

□ ❷ Do you want to visit France?

点UP □ ❸ What do you want to do this weekend?

❾ 次の日本語を英文にしなさい。

□ ❶ 彼らはキャンプに行きたいと思っています。

□ ❷ あなたは鳥を何羽飼っていますか。

点UP □ ❸ 私は踊《おど》るのが上手です。

□ ❹ あなたは公園で走った後で何をしますか。

ヒント

❼
❶ those は that の 複数形。
❷ ミスに注意 likeには「～に似た，～のような」という意味もある。
❸ justは「ただ～だけ」という意味。
❹ talk to ～ は「～と話をする，～に話しかける」という意味。

❽
❶ surf the Internetは「インターネットを見て回る」。Do you ～?にはYes, I do. か No, I don't. と答える。
❸したいことを具体的にI want to ～. の形で答える。

❾
❶「キャンプに行く」はgo camping。
❷数をたずねる疑問文〈How many＋複数を表す名詞 ～?〉で表す。
❸「～するのが上手だ」はbe good at ～ing。
❸「走った後で」→「走ることの後で」

教科書 pp.48-61

Step 3 予想テスト Unit 3 Enjoy the Summer ~ You Can Do It! 1

30分　　/100点　目標 80点

❶ 次の日本語に合う英文になるように，____に入る適切な語を書きなさい。知　15点（各5点）

① 私は将来サッカー選手になりたいです。

I want to be a soccer player _____ the _____.

② あなたは釣《つ》りが上手ですか。

Are you _____ _____ fishing?

③ 私は毎年北海道へ行きます。

I go to Hokkaido _____ _____.

❷ 次の日本語に合う英文になるように，(　)内の語を並べ替《か》えなさい。知　15点（各5点）

① 私は音楽を聞くことが好きです。　(to / like / music / listening / I).

② 私は写真を撮《と》りたいです。　(take / want / I / pictures / to).

③ あなたは月曜日に何を練習しますか。　(practice / on / what / you / do) Mondays?

❸ 次の対話文の□に適切な文を下から選び，記号で答えなさい。知　10点（各5点）

① *A:* Do you like traveling?

B: □ I like staying home.

㋐ Yes, I do.　　㋑ No, I don't.　　㋒ Of course.

② *A:* What do you want?

B: □

㋐ Yes, I do.　　㋑ No, I don't.　　㋒ I want a notebook.

❹ 次の会話文を読んで，後の問いに答えなさい。知 表　42点（各7点）

Eri: What do you do during the summer vacation?

Tina: I usually visit my grandparents. ①(　　)(　　) you?

Eri: I go to the beach with my family.

Tina: Kota, and you?

Kota: Not much. I just practice the trumpet.

Eri: That's boring, Kota.

Kota: Thanks. But I also go to the Honcho Summer Festival every year.

Tina: ②Sounds fun. Let's go together.

❶ 下線部①が「あなたはどうですか。」という意味になるように，(　)に入る適切な語を書きなさい。

❷ 下線部②でTinaは何をするのが楽しそうだと言っていますか。日本語で書きなさい。

❸ TinaとEriはそれぞれ夏休みに何をすると言っていますか。日本語で書きなさい。

❹ 次の文が本文の内容に合っていれば○を，合っていなければ×を書きなさい。

ⓐ KotaはTinaに夏休みに何をするかたずねている。

ⓑ Kotaは夏休みにトランペットを練習すると言っている。

❺ あなた自身について，❶「～したいです。」，❷「～するのが好きです。」という意味の英文を書きなさい。 表

18点（各9点）

❶	①	②
	③	
❷	① .	
	② .	
	③ Mondays?	
❸	①	②
❹	①	
	②	
	③ Tina	
	Eri	
	④ ⓐ	ⓑ
❺	①	
	②	

教科書 pp.62-71

Step 1 基本チェック　Unit 4 Our New Friend

10分

赤シートを使って答えよう！

❶ [He is ～. / She is ～.の文]

解答欄

□ ❶ こちらはケンです。彼《かれ》は京都出身です。
This is Ken. [He] [is] from Kyoto.

□ ❷ あちらはマミです。彼女《かのじょ》は私の友達です。
That is Mami. [She] [is] my friend.

❶

❷

❷ [Who ～?の文]

□ ❶ あれは誰《だれ》ですか。―彼女はユミです。
[Who] [is] that? ― She is Yumi.

□ ❷ こちらは誰ですか。―彼はトムです。
[Who's] this? ― He is Tom.

❶

❷

POINT

❶ [He is ～. / She is ～.の文]

既《すで》に話題に出ている人について，「彼は～です。」と言うときはHe is ～.で，「彼女は～です。」と言うときはShe is ～.で表す。
isはbe動詞の仲間で，he, she, it, this, thatなどの主語と一緒に使われる。

・This is Ms. Brown. She's an English teacher.
she isの短縮形　[こちらはブラウン先生です。彼女は英語の先生です。]

・That's Mr. Hoshino. He's our P.E. teacher.
he isの短縮形　[あちらは星野先生です。彼は私たちの体育の先生です。]

❷ [Who ～?の文]

「誰」とたずねるときは，Who ～?で表す。whoは疑問詞の仲間である。
答えるときは，名前や職業など，その人に関する情報を答える。

・Who's that?　[あれは誰ですか。]
who isの短縮形
― He's a new student.　[彼は新入生です。]

❸［He[She] is ～.の疑問文・否定文］

解答欄

□ ❶ ケンは京都出身ですか。
—はい，そうです。
[Is] Ken from Kyoto?
— [Yes], he [is].

□ ❷ 田中先生は英語の先生ですか。
—いいえ，違《ちが》います。
[Is] Ms. Tanaka an English teacher?
— [No], she [isn't].

□ ❸ 彼女は私の同級生ではありません。
She [is] [not] my classmate.

□ ❹ 彼は山形出身ではありません。
He's [not] from Yamagata.

□ ❺ 彼女は美術部に入っていません。
[She's] [not] in the art club.

❶ ____
____
____

❷ ____
____
____

❸ ____
____

❹ ____

❺ ____
____

POINT

❸［He[She] is ～.の疑問文・否定文］

①He[She] is ～.を疑問文にするときは，isを主語の前に置く。
答えるときはyesやnoを使う。

He's a classclassmate. ［彼は同級生です。］

isを主語の前に
・Is he your friend? ［彼はあなたの友達ですか。］
— Yes, he is. / No, he isn't. ［はい，そうです。／いいえ，違います。］
is notの短縮形

②He[She] is ～.を否定文にするときは，isの後ろにnotを置く。

He's 　in the brass band. ［彼は吹奏楽《すいそうがく》部に所属しています。］

isの後ろにnot
・He's not in the brass band. ［彼は吹奏楽部に所属していません。］

※He's[She's] not ～.はHe[She] isn't ～.と表すこともある。

Step 2 予想問題 Unit 4 Our New Friend

40分 (1ページ10分)

❶ 次の①～⑥は意味を日本語で書き，⑦～⑭は英語にしなさい。

□ ① funny (　　　　　)　□ ② friendly (　　　　　)

□ ③ actor (　　　　　)　□ ④ smart (　　　　　)

□ ⑤ social studies(　　　　　)　□ ⑥ tough (　　　　　)

□ ⑦ 人気のある ＿＿＿＿＿＿　□ ⑧ 強い，たくましい＿＿＿＿＿＿

□ ⑨ 彼《かれ》を[に] ＿＿＿＿＿＿　□ ⑩ 親切な ＿＿＿＿＿＿

□ ⑪ 勇敢《ゆうかん》な ＿＿＿＿＿＿　□ ⑫ 隣人，近所の人＿＿＿＿＿＿

□ ⑬ (特定の)試合＿＿＿＿＿＿　□ ⑭ 待つ ＿＿＿＿＿＿

ヒント

❶

④日本語の「スマート」とは意味が同じではない。

⑨heの変化形。

⑫ ミスに注意 発音しないghのつづりに注意。

❷ 次の語で最も強く発音する部分の記号を答えなさい。

□ ① class-mate
ア イ
(　　)

□ ② as-tro-naut
ア イ ウ
(　　)

□ ③ in-ter-est-ing
ア イ ウ エ
(　　)

□ ④ co-me-di-an
ア イ ウ エ
(　　)

❸ 次の文の(　)に適切な語を下から選び，記号を○で囲みなさい。

□ ① That's Mr. Kato. (　　) is a math teacher.
㋐ He　㋑ She　㋒ That

□ ② This is Ms. Suzuki. (　　) an English teacher.
㋐ He's　㋑ She's　㋒ That's

点UP

□ ③ Tom is a new student, (　　) he?
㋐ is　㋑ not　㋒ isn't

□ ④ (③への応答) Yes, he (　　).
㋐ is　㋑ not　㋒ isn't

□ ⑤ *A:* Our P.E. teacher is strict.
B: I (　　).
㋐ see　㋑ do　㋒ like

□ ⑥ *A:* (　　) that?
B: He is our art teacher.
㋐ Who　㋑ What's　㋒ Who's

❸

①Mr.は男性の姓《せい》・姓名の前に付けて「～さん，～先生」という意味を表す。

②Ms.は女性の姓・姓名の前に付けて「～さん，～先生」という意味を表す。

③Tom is ～.の文に「～だよね。」と相手への同意を求めるニュアンスを加えた表現。

⑤「わかりました[なるほど]。」と応じる。

⑥who isの短縮形がwho's，what isの短縮形がwhat's。

❹ 次の日本語に合う英文になるように，____に適切な語を書きなさい。

□ ① 私は福岡出身です。
______ ______ Fukuoka.

□ ② はじめまして。
Nice ______ ______ you.

□ ③ 私をリクとよんでください。
______ ______ Riku.

□ ④ 待ちきれないな。
I ______ ______.

□ ⑤ もしかしたら，彼は私たちの美術の先生です。
______ he is our art teacher.

□ ⑥ 私の姉は吹奏楽部《すいそうがく》に所属しています。
My ______ is ______ the brass band.

□ ⑦ あちらは誰《だれ》ですか。
______ that?

□ ⑧ (⑦への応答)あちらは向井さんです。彼女《かのじょ》は宇宙飛行士です。
That's Ms. Mukai. She's ______ ______.

□ ⑨ 私はサムに会いたいです。
I ______ ______ meet Sam.

点UP □ ⑩ (⑨への応答)わかりました。ユカにたずねましょう。
OK. ______ ______ Yuka.

ヒント

❹
①出身地を言うときはfromを用いる。
③「～をよぶ」はcall。
④「待つ」はwait。
⑥「～に所属して」はinを使う。
⑧ ミスに注意
「宇宙飛行士」は母音《ぼいん》で始まる語。

●いろいろな職業
actor(俳優)
singer(歌手)
artist(芸術家)
astronaut
(宇宙飛行士)
dancer(ダンサー)
writer(作家)
～ player(～選手)
など

❺ 次の文の____に，(　)内の語を適切な形にかえて書きなさい。

□ ① Kenji is ______ brother.　(I)

□ ② Is he ______ classmate?　(you)

□ ③ Ms. Green is ______ English teacher.　(we)

□ ④ ______ class is interesting.　(He)

□ ⑤ ______ brother is a dancer.　(She)

□ ⑥ We like ______.　(he)

□ ⑦ I'm ______ neighbor.　(Jim)

❺
①～⑤「～の」の形にする。
⑥「～を[に]」の形にする。
⑦「～(人名)の」と言うときは，人名に〈's〉を付ける。

❻ 次の対話文の____に適切な語を，下から１つずつ選んで書きなさい。

□ ❶ *A:* ____________ is this?
B: She is a new teacher.

□ ❷ *A:* ____________ this?
B: It's a watermelon.

□ ❸ *A:* ____________ that?
B: He's Takashi.

Who	Who's	What's

❼ 次の文を(　)内の指示にしたがって書き替《か》えるとき，____に適切な語を書きなさい。

□ ❶ You are funny. （下線部をYour brotherにかえた文に）
Your brother ____________ funny.

□ ❷ She is kind. （疑問文に）
____________ ____________ kind?

□ ❸ Kenta is our teammate. （否定文に）
Kenta ____________ ____________ our teammate.

□ ❹ That's Miho. （下線部をたずねる疑問文に）
____________ that?

❽ 次の日本語に合う英文になるように，(　)内の語を並べ替えなさい。

点UP
□ ❶ 彼《かれ》は上手なバドミントン選手ですか。
(good / player / he / badminton / is / a)?
____?

□ ❷ もしかしたら，彼女《かのじょ》はあなたの同級生です。
(classmate / she's / maybe / your).
____.

□ ❸ カナはユカのお姉さんではありません。
(not / Yuka's / Kana / sister / is).
____.

ヒント

❻
what is→what's
who is→who's

❼
❶
●主語とbe動詞
I→am
you，複数→are
he，she，it，this，that など→is

❷疑問文は主語の前にisを置く。
❸否定文はisの後ろにnotを置く。
❹「誰《だれ》〜」とたずねる文にする。

❽
❶ ミスに注意
aを付け忘れないように注意する。
❷she'sはshe isの短縮形。
❸isの後にnotを置く。

❾ 次の英文を日本語にしなさい。

□ ❶ Is your English teacher from Canada?
( )

□ ❷ She is strict, but her class is interesting.
( )

□ ❸ Do you want to meet my brother?
( )

❿ 次の問いにあなた自身の立場で，2語以上の英文で答えなさい。

□ ❶ Do you like science?

____

□ ❷ What's your favorite season?

____

点UP □ ❸ Who's your favorite writer?

____

⓫ 次の日本語を英文にしなさい。

□ ❶ こちらは田中先生(Mr. Tanaka)です。
彼は人気があります。

____

____

□ ❷ あちらは私の同級生です。
彼女は人なつこいです。

____

____

□ ❸ リナ(Rina)は歌手ではありません。

____

□ ❹ ヒルさん(Ms. Hill)は俳優ですか。
—はい，そうです。

____

— ______________________________

ヒント

❾

❶主語はyour English teacher。

❸want to ～「～したい」

❿

❶Do you ～?にはyesやnoを使って答える。

❷❸What's ～?やWho's ～?にはyesやnoは使わず，具体的な内容を答える。

⓫ ミスに注意

・単数の名詞の前には普通《ふつう》a[an]を付ける。
He is a teacher.（名詞）

・形容詞の後に名詞がないときはa[an]は使わない。
He is □ kind.（形容詞）

・形容詞の後に単数の名詞が続くときは普通前にa[an]を付ける。
He is a kind teacher.
〈形容詞＋名詞〉

・my, yourなどの前にはa[an]は付けない。
He is □ my teacher.

Step 3 予想テスト　Unit 4 Our New Friend

30分　　/100点　目標 80点

❶ 次の日本語に合う英文になるように，____に入る適切な語を書きなさい。 知　20点（各5点）

❶ こちらはサオリです。彼女《かのじょ》は私のチームメイトです。

This is Saori. ______ ______ my teammate.

❷ あちらはジュンです。彼《かれ》は人気のある歌手です。

That's Jun. ______ a ______ singer.

❸ トムは上手なダンサーです。

Tom ______ ______ good dancer.

❹ 私をサキとよんでください。

______ ______ Saki.

❷ 次の日本語に合う英文になるように，(　)内の語を並べ替《か》えなさい。 知　14点（各7点）

❶ 彼は頭のよい選手ですか。（ a / player / is / smart / he)?

❷ ミカは私の隣人ではありません。（ my / Mika / is / neighbor / not).

❸ 次の対話文の□に適切な文を下から選び，記号で答えなさい。 知　10点（各5点）

❶ *A:*　Hello. I'm Ann. I'm from New York.

B:　Hi. I'm Takuya. □

㋐ Sounds fun.　㋑ I see.　㋒ Nice to meet you.

❷ *A:*　That's Mr. Kimura. He's our P.E. teacher. □

B:　I can't wait.

㋐ His class is interesting.　㋑ His class is not fun.　㋒ I play basketball.

❹ 次の対話文を読んで，後の問いに答えなさい。 知　32点

Tina:　Eri, (　①　) that?

Eri:　Maybe he's a new student.

Tina:　Cool. ②He's a good basketball player, isn't he?

Eri:　Yes, he is.

Tina:　Do you want to meet him?

Eri:　Yes. Let's ask Kota.

❶ ①の(　)に適切な語を次から選び，記号で答えなさい。 (6点)

㋐ is　　㋑ what's　　㋒ who's

❷ 下線部②を日本語にしなさい。 (8点)

❸ 次の文が本文の内容に合っていれば○を，合っていなければ×を書きなさい。 (各6点)

ⓐ Tinaはバスケットボールをしている生徒がかっこいいと言っている。

ⓑ Eriはバスケットボールをしている生徒に会いたいと思っている。

ⓒ Kotaはバスケットボールをしている生徒についてEriにたずねようと思っている。

❺ あなたの身近な人について，❶「こちらは〜です。」，❷「彼[彼女]は…です。」という意味の英文を書きなさい。 表 24点(各12点)

❶	❶		❷	
	❸		❹	
❷	❶ ?			
	❷ .			
❸	❶	❷		
❹	❶			
	❷			
	❸ ⓐ	ⓑ	ⓒ	
❺	❶			
	❷			

教科書 pp.72-83

Step 1 基本チェック　Unit 5 This Is Our School ~ Active Grammar 2

10分

赤シートを使って答えよう！

❶ [Where ～?の文]

解答欄

□ ① 理科室はどこですか。―３階にあります。

[Where] is the science room? — It is [on] the third floor.

□ ② あなたはどこでピアノを演奏しますか。―音楽室です。

[Where] do you play the piano? — [In] the music room.

❷ [命令文]

□ ① 彼《かれ》について行きなさい。

[Follow] him.

□ ② そのペンを使ってはいけません。

[Don't] [use] the pen.

□ ③ 昼食を食べましょう。

[Let's] [have [eat]] lunch.

POINT

❶ [Where ～?の文]

whereは「どこ」と場所をたずねるときに使う言葉で，疑問詞の仲間。at，in，onなどを使って，場所を答える。where'sはwhere isの短縮形。

・Where's the cafeteria? — On the second floor. ［カフェテリアはどこですか。―２階に。］
　be動詞の疑問文の語順
　このonは「～に」という意味

・Where do you have lunch? — In the classroom. ［あなたたちはどこで昼食を食べますか。―教室で。］
　一般《いっぱん》動詞の疑問文の語順
　このinは「～の中で」という意味

❷ [命令文]

命令文は「～しなさい。」と指示や注意をする言い方。主語を省き，動詞の原形で始める。

・Watch your step. ［足元に気を付けなさい。］

・Don't use the phone. ［電話を使ってはいけません。］
　禁止する命令文〈Don't＋動詞の原形 ....〉「～してはいけません。」

・Let's go to the classroom. ［教室に行きましょう。］
　誘ったり，提案したりする文〈Let's＋動詞の原形 ....〉「～しましょう。」

❸ [When ～?の文]

□ ❶ その試合はいつですか。
―土曜日です。
[When] [is] the game?
― [On] Saturday.

□ ❷ 夏祭りはいつですか。
―8月3日の日曜日です。
[When's] the summer festival?
― [On] Sunday, August 3.

□ ❸ あなたはいつ入浴しますか。
―夕食前に。
[When] do you take a bath?
― [Before] dinner.

□ ❹ あなたはいつ宿題をしますか。
―夕食後に。
[When] [do] you do your homework?
― [After] dinner.

解答欄

❶ ＿＿＿＿＿＿
＿＿＿＿＿＿
＿＿＿＿＿＿

❷ ＿＿＿＿＿＿
＿＿＿＿＿＿

❸ ＿＿＿＿＿＿
＿＿＿＿＿＿

❹ ＿＿＿＿＿＿
＿＿＿＿＿＿
＿＿＿＿＿＿

POINT

❸ [When ～?の文]

whenは「いつ」と時についてたずねるときに使う疑問詞。on, after, inなどを使って，時を答える。when'sはwhen isの短縮形。

・When's the school open day? ［学校公開日はいつですか。］
　（'s the school open day：be動詞の疑問文の語順）
― On Saturday, October 29. ［10月29日の土曜日です。］
　（このonは「(日付，曜日)に」という意味）

・When do you have drama club? ［演劇部はいつあるのですか。］
　（do you have drama club：一般動詞の疑問文の語順）
― After clean-up time. ［掃《そう》除《じ》の時間の後に。］
　（このafterは「～の後に」という意味）

Step 2 予想問題 Unit 5 This Is Our School ~ Active Grammar 2

40分 (1ページ10分)

❶ 次の①～⑧は意味を日本語で書き，⑨～⑭は英語にしなさい。

□ ① cafeteria (　　　　)　□ ② serve (　　　　)
□ ③ together (　　　　)　□ ④ blackboard (　　　　)
□ ⑤ follow (　　　　)　□ ⑥ sweep (　　　　)
□ ⑦ impressed (　　　　)　□ ⑧ tidy (　　　　)
□ ⑨ 時間 ＿＿＿＿＿＿　□ ⑩ 朝，午前(中) ＿＿＿＿＿＿
□ ⑪ 午後 ＿＿＿＿＿＿　□ ⑫ ～の後ろに ＿＿＿＿＿＿
□ ⑬ ～よりも前に ＿＿＿＿＿＿　□ ⑭ ～を掃除《そうじ》する ＿＿＿＿＿＿

❷ 次の語で最も強く発音する部分の記号を答えなさい。

□ ① black-board
ア　イ
(　　)

□ ② be-tween
ア　イ
(　　)

□ ③ caf-e-te-ri-a
ア イ ウ エ オ
(　　)

□ ④ im-pressed
ア　イ
(　　)

❸ 次の語句の下線部の発音が異なるものの記号を○で囲みなさい。

□ ㋐ the entrance　㋑ the lunch　㋒ the school

❹ 次の文の(　)に適切な語を下から選び，記号を○で囲みなさい。

□ ① (　　) your step.
㋐ Look　㋑ See　㋒ Watch

□ ② Take (　　) your shoes here.
㋐ off　㋑ on　㋒ over

□ ③ That is our school (　　) there.
㋐ off　㋑ over　㋒ on

□ ④ We (　　) lunch in the classroom.
㋐ play　㋑ practice　㋒ serve

点UP
□ ⑤ Do you have a computer? — No. I don't have (　　).
㋐ it　㋑ this　㋒ one

ヒント

❶
⑬場所にも時にも使える。

❷ ミスに注意
③日本語になっているが，発音が違《ちが》うので注意が必要。

❸
theは母音《ぼいん》の前では発音がかわることに注意。

❹
①「足元に気を付けて。」という意味になるようにする。
②「ここで靴を脱ぎなさい。」という意味になるようにする。
⑤

●itとone
特定のもの(the＋名詞)を指すとき→it
同じ種類のもの(a＋名詞)を指すとき→one

❺ 次の日本語に合う英文になるように，____に適切な語を書きなさい。

□ ① あなたの誕生日はいつですか。

______ ______ your birthday?

□ ② (①への応答) 5月18日です。 It's ______ 18.

□ ③ 買い物に行きましょう。

______ go ______.

□ ④ 私たちは一緒に図書館で勉強します。

______ study ______ the library ______.

点UP □ ⑤ どうぞ自分自身のペンを持ってきてください。

______ ______ your ______ pen.

□ ⑥ 私たちは毎日教室を掃除します。

We clean our classroom ______ ______.

□ ⑦ (⑥への応答)えっ，ほんと？ ______?

点UP □ ⑧ 公園には車で来ないでください。

______ come to the park ______ car.

□ ⑨ これは誰《だれ》のノートですか。—それはクミ(Kumi)のです。

______ notebook is this? — It is ______.

□ ⑩ ケン，寝《ね》なさい。

Ken, ______ to ______.

点UP □ ⑪ カナの筆箱は机の上にあります。

Kana's pencil case ______ ______ the desk.

ヒント

❺

②18日は18thという表し方もある。

③「～しましょう」と提案を表す文。

④「図書館で」は「図書館の中で」と考える。

⑤やや丁寧《ていねい》な命令文にする。

⑧「車で」は「車によって，車を使って」と考える。

⑨「～(人名)のもの」は〈人名＋'s〉で表す。

❻ 次の文の____に，(　)内の語(句)を適切な形の代名詞にかえて書きなさい。

□ ① Put ______ on. (the slippers)

□ ② The bag is not ______. Maybe it's Yuka's. (I)

□ ③ Please follow ______. (Mr. Kato)

□ ④ That isn't your classroom. It's ______. (our classroom)

□ ⑤ Tom is ______ student. (Ms. Brown)

□ ⑥ ______ classroom is on the third floor. (The students)

□ ⑦ I like ______. (the idea)

❻

まずどの代名詞を使うかを，次のように「～は[が]」の形で考えて，さらに適切な形にかえる。

①the slippers→they→?

③Mr. Kato→he→?

④our classroomは「私たちのもの」にする。

⑤Ms. Brown→she→?

⑥the students→they→?

⑦the idea→it→?

7 次の文の下線部が〔　〕内の意味になるように，(　)に適切な語(句)を下から１つずつ選んで書きなさい。

□ 1 I do my homework (________) dinner. 〔夕食前に〕

□ 2 The art room is (________) the library. 〔図書室の隣に〕

□ 3 The pencil case is (________) your desk. 〔机の下に〕

□ 4 We usually practice (________) school. 〔放課後〕

□ 5 My house is (________) the park and Ken's house. 〔公園とケンの家の間に〕

□ 6 Jim is (________) the gate. 〔門の正面に〕

□ 7 I study English (________) Saturday morning. 〔土曜日の午前中に〕

at	after	before	behind	between
during	in	in front of	near	next to
on	over	under		

8 次の文を，下線部をたずねる疑問文に書き替《か》えるとき，____に適切な語を書きなさい。

□ 1 The cooking room is on the second floor.

________ ________ the cooking room?

□ 2 I walk my dog every Sunday.

________ ________ you walk your dog?

点UP □ 3 We can practice the trumpet behind the gym.

________ ________ we practice the trumpet?

9 次の日本語に合う英文になるように，(　)内の語を並べ替えなさい。

□ 1 玄関《げんかん》に行きましょう。(entrance / go / let's / the / to).

________________________________.

□ 2 あなたはいつ日本語を勉強しますか。

(do / Japanese / study / you / when)?

________________________________?

点UP □ 3 あなたは毎日どこで昼食を食べますか。

(every / do / have / you / where / lunch / day)?

________________________________?

ヒント

7
これまでに出てきた前置詞の問題。前置詞の使い分けでは，まず場所の意味で使うのか，時の意味で使うのかに注意する。
147時について表している。

8
1場所をたずねるbe動詞の疑問文。
2時をたずねる一般《いっぱん》動詞の疑問文。
3場所をたずねるcanを使った疑問文。

9
1theは名詞の前で使う。
2Whenの後に一般動詞の疑問文の語順が続く。

⑩ 次の英文を日本語にしなさい。

□ ① Take out your eraser.
(　　　　　　　　　　　　　　　　　　　　)

□ ② The gym is between the gate and the pool.
(　　　　　　　　　　　　　　　　　　　　)

□ ③ Here's the main entrance.
(　　　　　　　　　　　　　　　　　　　　)

⑪ 次の問いにあなた自身の立場で，２語以上の英文で答えなさい。

□ ① Where do you study?

____

□ ② When is your birthday?

____

□ ③ When do you usually take a bath?

____

⑫ 次の日本語を英文にしなさい。

□ ① あなたはどこでピアノを練習しますか。
—私は音楽室で練習します。

____
— ______________________________

点UP □ ② あなたはいつバスケットボールを練習しますか。
—私は月曜日と金曜日の放課後に練習します。

____
— ______________________________

点UP □ ③ 午前中は家にいなさい。

____

□ ④ 私たちの学校内では写真を撮《と》ってはいけません。

____

□ ⑤ あのカフェテリアで昼食を食べましょう。

____

ヒント

⑩
③ main「主な，主要な」

⑪
① I studyで始めてもよい。
② ミスに注意
誕生日を答えるときにはonは使わない。

●月の名前

1月	January
2月	February
3月	March
4月	April
5月	May
6月	June
7月	July
8月	August
9月	September
10月	October
11月	November
12月	December

⑫
①「ピアノを演奏する」はplay the piano。theを忘れないようにする。
②「～を練習をする」はpractice。
④「写真を撮る」はtake a picture。

Step 3 予想テスト Unit 5 This Is Our School ~ Active Grammar 2

30分　/100点　目標 80点

❶ 次の日本語に合う英文になるように，____に入る適切な語を書きなさい。 知 20点(各5点)

① 図書室はどこですか。

______ ______ the library?

② そこで部屋履《ば》きを脱ぎなさい。

______ ______ your slippers there.

③ あなたたちはどこでサッカーをしますか。

______ ______ you play soccer?

④ ここでドラムを演奏してはいけません。

______ ______ the drums here.

❷ 次の日本語に合う英文になるように，(　)内の語(句)を並べ替《か》えなさい。 知 14点(各7点)

① 職員室に行きましょう。 (go / let's / teachers' room / to / the).

② その試合はいつですか。 (game / is / when / the)?

❸ 次の対話文の□に適切な文を下から選び，記号で答えなさい。 知 10点(各5点)

① *A:* Where's the swimming pool?

B: □

㋐ We don't have one.　㋑ In the classroom.　㋒ This is a good idea.

② *A:* We don't clean our classroom.

B: □ We clean our classroom every day.

㋐ Yes, I do.　㋑ I'm impressed.　㋒ Really?

❹ 次の会話文を読んで，後の問いに答えなさい。 知 32点

Ms. Rios: (①) do you have drama club?

Tina: After clean-up time.

Ms. Rios: Clean-up time?

Eri: Yes, we clean our classroom and hallway every day.

Tina: ②We sweep the floor and wipe the blackboard.

Ms. Rios: I'm impressed. It's so tidy here.

❶ ①の(　)に適切な語を次から選び，記号で答えなさい。 (6点)

㋐ What　　㋑ When　　㋒ Where

❷ 下線部②を日本語にしなさい。 (8点)

❸ 次の文が本文の内容に合っていれば○を，合っていなければ×を書きなさい。 (各6点)

ⓐ Tinaは掃除《そうじ》には参加していない。

ⓑ Ms. RiosはTinaたちが掃除をすることを知らなかった。

ⓒ 演劇部は掃除の時間の前に練習をする。

❺ 次の問いにあなた自身の立場で，英語で答えなさい。表　24点(各12点)

❶ Where is your classroom?

❷ When do you usually study at home?

❶	❶		❷	
	❸		❹	
❷	❶ .			
	❷ ?			
❸	❶	❷		
❹	❶			
	❷			
	❸ ⓐ	ⓑ	ⓒ	
❺	❶			
	❷			

教科書 pp.84-101

Step 1 基本チェック　Unit 6 Cheer Up, Tina ~ You Can Do It! 2

10分

赤シートを使って答えよう！

❶［一般《いっぱん》動詞の現在の肯定《こうてい》文（主語が3人称《にんしょう》単数）］

解答欄

□ ❶ 彼女《かのじょ》は毎日ピアノを演奏します。

She [plays] the piano every day.

❶ ＿＿＿＿＿＿

□ ❷ 彼《かれ》は放課後，図書館で勉強します。

He [studies] in the library after school.

❷ ＿＿＿＿＿＿

□ ❸ 私の父は夕食後，皿洗いをします。

My father [washes] the dishes after dinner.

❸ ＿＿＿＿＿＿

POINT

❶［一般動詞の現在の肯定文（主語が3人称単数）］

①1人称とは自分のこと(I, we)で，2人称とは相手のこと(you)。3人称はそれ以外(つまりI, we, you以外)のすべての人やもののこと。

②現在の文で，3人称単数の主語の後ろに一般動詞が続くときは，動詞の語尾《ごび》に-sや-esを付ける。

I like singing and dancing.　[私は歌うことと踊《おど》ることが好きです。]

↓ 一般動詞に-(e)sを付ける

・She likes singing and dancing.　[彼女は歌うことと踊ることが好きです。]

③haveは語尾に-sや-esを付けずに，特別にhasという形になる。

I have a computer.　[私はコンピュータを持っています。]

↓ haveがhasに変わる

・She has a computer.　[彼女はコンピュータを持っています。]

〈動詞の-(e)s形〉

-sを付ける	like → like**s**　play → play**s**
-esを付ける	go → go**es**
語尾のyをiにかえて-esを付ける	study → stud**ies**
特別な形	have → **has**

❷ [一般動詞の現在の疑問文(主語が 3 人称単数)]

解答欄

□ ❶ 彼女は毎日ピアノを演奏しますか。

—はい，演奏します。／いいえ，演奏しません。

[Does] she [play] the piano every day?

— Yes, she [does]. / No, she [doesn't].

❶ ______

______

______

______

□ ❷ 彼女は毎日何を演奏しますか。

—彼女は毎日ピアノを演奏します

What [does] she [play] every day?

— She [plays] the piano every day.

❷ ______

______

______

❸ [一般動詞の現在の否定文(主語が 3 人称単数)]

□ 彼女は夕食後にはピアノを演奏しません。

She [doesn't] [play] the piano after dinner.

______

______

POINT

❷ [一般動詞の現在の疑問文(主語が 3 人称単数)]

① 3 人称単数が主語の一般動詞の現在の疑問文は，doではなく，doesを使う。主語の後には -sや-esが付かない動詞の原形(元の形)を使う。

②Does ～?にはdoesを使って，Yes, ～ does. / No, ～ doesn't[does not].と答える。

・Does she have a cold?　[彼女は風邪《かぜ》をひいていますか。]
（have：動詞の原形）

— Yes, she does. / No, she doesn't.　[はい，ひいています。／いいえ，ひいていません。]
（doesn't：does notの短縮形）

❸ [一般動詞の現在の否定文(主語が 3 人称単数)]

3 人称単数が主語の一般動詞の現在の否定文も，don'tではなく，doesn'tを使い，その後には動詞の原形を使う。疑問文でも否定文でもdoesを使うときは常に動詞は原形になる。

She goes to school.　[彼女は学校へ行っています。]

・She doesn't go to school.　[彼女は学校へ行っていません。]
（go：動詞の原形）

Step 2 予想問題 Unit 6 Cheer Up, Tina ~ You Can Do It! 2

40分 (1ページ10分)

❶ 次の①～⑧は意味を日本語で書き，⑨～⑭は英語にしなさい。

□ ① rest (　　　　)　□ ② minute (　　　　)

□ ③ quiet (　　　　)　□ ④ active (　　　　)

□ ⑤ Sorry. (　　　　)　□ ⑥ Sure. (　　　　)

□ ⑦ worry (　　　　)　□ ⑧ parent (　　　　)

□ ⑨ ドル ＿＿＿＿＿＿　□ ⑩ クリスマス ＿＿＿＿＿＿

□ ⑪ 水 ＿＿＿＿＿＿　□ ⑫ 新聞 ＿＿＿＿＿＿

□ ⑬ 料理をする ＿＿＿＿＿＿　□ ⑭ 皿，食器類 ＿＿＿＿＿＿

❷ 次の各組から下線部の発音が異なるものを選び，記号を○で囲みなさい。

□ ① ㋐ lives　㋑ works　㋒ plays

□ ② ㋐ does　㋑ comes　㋒ washes

❸ 次のCとDの関係がAとBの関係と同じになるように，＿＿に適切な語を書きなさい。

	A	B	C	D
□ ①	do	don't	does	＿＿＿＿＿＿
□ ②	sleep	sleeps	worry	＿＿＿＿＿＿
□ ③	mom	dad	grandma	＿＿＿＿＿＿
□ ④	sister	brother	aunt	＿＿＿＿＿＿

❹ 次の文の(　)に適切な語を下から選び，記号を○で囲みなさい。

□ ① Look (　　) that picture.
㋐ at　㋑ from　㋒ up

□ ② Ken doesn't give (　　) easily.
㋐ at　㋑ with　㋒ up

□ ③ My brother doesn't get (　　) early.
㋐ at　㋑ of　㋒ up

□ ④ They come (　　) the U.S.
㋐ from　㋑ with　㋒ over

ヒント

❶
⑦Don't worry.で「心配しないでください。心配しなくていいですよ。」。

❷
-(e)sの発音は，[z]，[s]，[iz]がある。

❸
③④

●家族関係を表す語
父親　father[dad]
母親　mother[mom]
兄弟　brother
姉妹　sister
祖父　grandfather[grandpa]
祖母　grandmother[grandma]
おじ　uncle
おば　aunt
いとこ　cousin

❹
①「～を見なさい」という意味にする。
④「～出身である」という意味にする。

❺ 次の現在の文の＿＿に，（　）内の語を適切な形にかえて書きなさい。ただし，かえる必要のないものはそのまま書きなさい。

□ ① My sister ＿＿＿＿＿＿ some rest.　(need)

□ ② His friend ＿＿＿＿＿＿ English well.　(speak)

□ ③ Nancy ＿＿＿＿＿＿ Japanese very hard.　(study)

□ ④ Mr. Kato ＿＿＿＿＿＿ the summer.　(enjoy)

□ ⑤ My grandma ＿＿＿＿＿＿ to the hospital by car.　(go)

□ ⑥ Her brother ＿＿＿＿＿＿ the dishes after dinner.　(wash)

□ ⑦ My father ＿＿＿＿＿＿ a cold.　(have)

□ ⑧ Our teacher can ＿＿＿＿＿＿ the drums.　(play)

❻ 次の日本語に合う英文になるように，＿＿に適切な語を書きなさい。

点UP

□ ① 私の姉はリンゴを食べません。バナナも食べません。

My sister doesn't eat apples. She doesn't eat bananas, ＿＿＿＿＿＿.

□ ② 何時ですか。―10時です。

＿＿＿＿＿＿ time is ＿＿＿＿＿＿?

― ＿＿＿＿＿＿ ten o'clock.

□ ③ これはいくらですか。

＿＿＿＿＿＿ ＿＿＿＿＿＿ is this?

□ ④ もうすぐあなたの誕生日です。

It's ＿＿＿＿＿＿ your birthday.

□ ⑤ 彼《かれ》はベッドで寝《ね》ています。

He's ＿＿＿＿＿＿ ＿＿＿＿＿＿.

□ ⑥ 私は中学生です。

I am a ＿＿＿＿＿＿ ＿＿＿＿＿＿ school student.

□ ⑦ 私にはたくさんの友達がいます。

I have a ＿＿＿＿＿＿ ＿＿＿＿＿＿ friends.

□ ⑧ 彼女《かのじょ》のお姉さんは最近よく眠《ねむ》ります。

Her sister sleeps ＿＿＿＿＿＿ ＿＿＿＿＿＿ days.

□ ⑨ 私の妹がいつも食卓の用意をします。

My sister always ＿＿＿＿＿＿ the ＿＿＿＿＿＿.

ヒント

❺

●-(e)sの付け方
- 普通《ふつう》は-sを付ける。
  like→likes
- s, sh, ch, o, xで終わる語は-esを付ける。
  watch→watches
- 〈子音＋y〉で終わる語はyをiにかえて-esを付ける。
  worry→worries
- 不規則に変化する。
  have→has

❻

①肯定《こうてい》文ならtooが使えるが，否定文なのでtooは使えない。

②時刻を言うときの主語はitを使う。

④「もうすぐ」は「ほとんど」ということ。

⑦ ⊗｜ミスに注意
「たくさんの」を表す英語を考えるが，aがあることに注意。

❼ 次の文が(　)の内容をたずねる文になるように，＿＿に適切な語を下から１つずつ選んで書きなさい。同じ語を２度使ってもよい。

□ ❶ ＿＿＿＿＿ do you like, spring or summer?
(どちらが好きかたずねる)

□ ❷ ＿＿＿＿＿ is this?　(何かとたずねる)

□ ❸ ＿＿＿＿＿ do you take a bath?　(時をたずねる)

□ ❹ ＿＿＿＿＿ do you go to the station?　(理由・目的をたずねる)

□ ❺ ＿＿＿＿＿ is that ball?　(持ち主をたずねる)

□ ❻ ＿＿＿＿＿ is the restaurant?　(場所をたずねる)

□ ❼ ＿＿＿＿＿ is your dog?　(様子をたずねる)

□ ❽ ＿＿＿＿＿ is your P.E. teacher?　(誰《だれ》かとたずねる)

□ ❾ ＿＿＿＿＿ desk is this?　(持ち主をたずねる)

□ ❿ ＿＿＿＿＿ club do you like?　(どちらが好きかとたずねる)

□ ⓫ ＿＿＿＿＿ book do you want?　(どんな本が欲《ほ》しいかをたずねる)

What	Who	Whose	Which
Where	When	Why	How

❽ 次の文を，下線部をたずねる疑問文に書き替《か》えるとき，＿＿に適切な語を書きなさい。

点UP

□ ❶ Mr. Brown comes from Australia.
＿＿＿＿＿ ＿＿＿＿＿ Mr. Brown come ＿＿＿＿＿?

□ ❷ That basketball player is my friend.
＿＿＿＿＿ ＿＿＿＿＿ that basketball player?

❾ 次の日本語に合う英文になるように，(　)内の語を並べ替えなさい。

□ ❶ 誕生日には何が欲しいですか。
(birthday / do / for / you / your / what / want)?
＿＿＿＿＿＿＿＿＿＿＿＿＿＿＿＿＿＿＿＿＿?

□ ❷ 私は少し疲れています。
(a / am / bit / I / little / tired).
＿＿＿＿＿＿＿＿＿＿＿＿＿＿＿＿＿＿＿＿＿.

ヒント

❼

●疑問詞のまとめ
what　何
what ～　何の～，どんな～
who　誰
whose　誰のもの
whose ～　誰の～
which　どちら，どれ
which ～　どちらの～，どの～
where　どこ
when　いつ
why　なぜ
how　どんなふうに

❾～⓫〈疑問詞＋名詞〉の形で使えるのはwhat, whose, which。

❽

❶ ミスに注意
出身地をたずねる疑問文では最後のfromを忘れないように。

❷人についてたずねる疑問文。

❾

❶「誕生日に」は「誕生日のために」と考える。

⑩ 次の英文を日本語にしなさい。

□ ❶ Take out the garbage before breakfast.

(　　　　　　　　　　　　　　　　　　　　　　　　　　　　)

□ ❷ That student takes classes with me.

(　　　　　　　　　　　　　　　　　　　　　　　　　　　　)

□ ❸ (カフェで) Can I have orange juice?

(　　　　　　　　　　　　　　　　　　　　　　　　　　　　)

□ ❹ Turn this map around.

(　　　　　　　　　　　　　　　　　　　　　　　　　　　　)

⑪ あなたの好きな有名人(athlete「スポーツ選手」, musician「音楽家」, *manga* artist「漫画《まんが》家」, writer「作家」, comedian「お笑い芸人」など)を紹介《しょうかい》する英文を完成させなさい。❶でその人の職業や名前を説明し，❷にはその人の特徴《とくちょう》・特技を書くこと。

□ ❶ My favorite ____________ is ____________________________.

□ ❷ He / She ____

____.

⑫ 次の日本語を英文にしなさい。

点UP □ ❶ あなたのお母さんは何色が好きですか。
―ピンク色が好きです。

____

― ____

□ ❷ 彼女《かのじょ》の弟はバスケットボールが大好きです。

____

□ ❸ テッド(Ted)とジュディ(Judy)は同じ学校に行っています。

____

点UP □ ❹ 私の友達は毎日とても熱心にトランペットを練習します。

____

□ ❺ 私の先生は本町(Honcho)には住んでいません。

____

ヒント

⑩

❷ with me「私と一緒に」

❸ Can I ～?は許可を求める表現。

❹ turnは「～を回す，回転させる」という意味。

⑫

❶「何色」は「何の色」ということ。

❷「大好き」→「とても好き」と考える。

❸主語のTed and Judyは単数か複数か。

❹「トランペットを練習する」はpractice the trumpet。theを忘れないようにする。

教科書 pp.84-101

Step 3 予想テスト Unit 6 Cheer Up, Tina ~ You Can Do It! 2

30分　　/100点　目標 80点

❶ 次の文の(　)内から適切な語(句)を選び，記号で答えなさい。 知　　20点(各5点)

❶ I have (㋐ a　㋑ an　㋒ a lot of) books.

❷ (㋐ Who　㋑ Whose　㋒ What) notebook is this? — It's mine.

❸ What does your brother want (㋐ at　㋑ for　㋒ in) his birthday?

❹ (㋐ Do　㋑ Can　㋒ Am) I have the lunch special? — Sure.

❷ 次の現在の文の____に入る語を右から1つずつ選び，適切な形にかえて書きなさい。ただし，かえる必要のないものはそのまま書きなさい。同じ語を2度使わないこと。 知　　20点(各5点)

❶ Saori ______ three cats.

❷ Akira ______ to bed very early.

❸ My sister ______ after dinner.

❹ My father doesn't ______ movies on Sundays.

go	have
study	watch

❸ 次の対話文の□に適切な文を下から選び，記号で答えなさい。 知　　10点(各5点)

❶ *A:* What time is it?
B: □
㋐ It's ten dollars.　㋑ It's eleven.　㋒ It's August.

❷ *A:* Where is Tom?
B: □ He has a cold.
㋐ Yes, I do.　㋑ No, he isn't.　㋒ He's in bed.

❹ 次の会話文を読んで，後の問いに答えなさい。 知　　30点(各5点)

Grandpa: Does she sleep well?
Ms. Rios: Yes, she does. ①<u>She sleeps (　　) (　　).</u>
Mr. Rios: But she doesn't go to school.
Nick: ②<u>She doesn't play with me, either!</u>
Grandma: Does she have friends?
Nick: Sure. Kota, Eri, and Hajin. (　③　) nice.
Grandpa: I see. Don't worry, Nick. She's a little bit tired.
Grandma: Yes, she needs some rest.

❶ 下線部①が「彼女はよく眠《ねむ》っています。」という意味になるように，(　)に入る適切な語を書きなさい。

❷ 下線部②を日本語にしなさい。

❸ ③の(　)に適切な語を次から選び，記号で答えなさい。

㋐ They　　㋑ They're　　㋒ He is

❹ 次の文が本文の内容に合っていれば○を，合っていなければ×を書きなさい。

ⓐ Tinaは学校へは行っているが，あまり眠っていない。

ⓑ NickはTinaの友達を何人か知っている。

ⓒ おじいさんはNickにTinaのことを心配しないように言っている。

❺ 次のような場合，英語で何と言えばよいか書きなさい。表　20点(各10点)

❶ 近くにある鉛筆が誰《だれ》のものかとたずねる場合。

❷ 自分の弟は夕食前に入浴すると伝える場合。

❶	❶	❷	❸	❹
❷	❶		❷	
	❸		❹	
❸	❶	❷		
❹	❶			
	❷			
	❸	❹ ⓐ	ⓑ	ⓒ
❺	❶			
	❷			

教科書 pp.104-117

Step 1 基本チェック　Unit 7 New Year Holidays in Japan ~ Daily Life 4

10分

赤シートを使って答えよう！

❶ [一般《いっぱん》動詞の過去の肯定《こうてい》文]

解答欄

□ ① 私はきのうは家にいました。

I [stayed] home yesterday.

□ ② 彼《かれ》は家族と一緒に餅《もち》を食べました。

He [ate] some rice cakes with his family.

①

②

❷ [一般動詞の過去の疑問文]

□ 彼らは北海道の祖父母を訪ねましたか。

—はい，訪ねました。／いいえ，訪ねませんでした。

[Did] they [visit] their grandparents in Hokkaido?

— Yes, they [did]. / No, they [didn't].

❸ [一般動詞の過去の否定文]

□ 彼女《かのじょ》はそこでは写真を撮《と》りませんでした。

She [didn't] [take] pictures there.

POINT

❶ [一般動詞の過去の肯定文]

動詞には過去形がgo→wentのように不規則に変化するもの（不規則動詞）と，watch→watchedのように規則的に語尾《ごび》に-edや-dを付けるもの（規則動詞）がある。

・I went to a temple on New Year's Eve.　[私は大みそかに寺へ行きました。]

・I watched TV with my family.　[私は家族と一緒にテレビを見ました。]

❷ [一般動詞の過去の疑問文]

一般動詞の過去の疑問文ではdoの過去形のdidを主語の前に置く。主語の後には動詞の原形を使う。答えるときもdidを使う。

・Did you eat any traditional food?　[あなたは伝統的な食べ物を食べましたか。]

— Yes, I did. / No, I didn't.　[はい，食べました。／いいえ，食べませんでした。]

※did not = didn't

❸ [一般動詞の過去の否定文]

一般動詞の過去の否定文は動詞の前にdidn'tを置く。didn'tの後は動詞の原形を使う。

・I didn't eat any traditional food.　[私は伝統的な食べ物を食べませんでした。]

❹ [be動詞の過去の肯定文]

解答欄

□ ❶ その寺はきれいでした。
The temple [was] beautiful.

❶

□ ❷ 生徒たちは親切でした。
The students [were] kind.

❷

❺ [be動詞の過去の疑問文]

□ あなたは図書館にいましたか。
—はい，いました。／いいえ，いませんでした。
[Were] you in the library?
— Yes, I [was]. / No, I [wasn't].

❻ [be動詞の過去の否定文]

□ 彼女はきのうは疲れていませんでした。
She [wasn't] tired yesterday.

POINT

❹ [be動詞の過去の肯定文]

過去の状態や感想などを言うときはbe動詞の過去形を使う。am, isの過去形はwas，areの過去形はwereを使う。

- It was fun.　[(それは)楽しかったです。]
- The traditional buildings were beautiful.　[伝統的な建物《たてもの》は美しかったです。]

❺ [be動詞の過去の疑問文]

be動詞の過去の疑問文はwas，wereを主語の前に置く。

- Were you tired this morning?　[あなたは今朝，疲れていましたか。]
  — Yes, I was. / No, I wasn't.　[はい，疲れていました。／いいえ，疲れていませんでした。]
  ※was not＝wasn't　were not＝weren't

❻ [be動詞の過去の否定文]

be動詞の過去の否定文はwas，wereの後にnotを置く。

- I wasn't tired this morning.　[私は今朝，疲れていませんでした。]

Step 2 予想問題 Unit 7 New Year Holidays in Japan ~ Daily Life 4

40分
(1ページ10分)

❶ 次の①～⑧は意味を日本語で書き，⑨～⑫は英語にしなさい。

□ ① lesson (　　　　)　□ ② building (　　　　)
□ ③ custom (　　　　)　□ ④ wood (　　　　)
□ ⑤ Lucky you. (　　　　)　□ ⑥ traditional (　　　　)
□ ⑦ exciting (　　　　)　□ ⑧ delicious (　　　　)
□ ⑨ 雪 ＿＿＿＿＿＿　□ ⑩ 贈《おく》り物 ＿＿＿＿＿＿
□ ⑪ 援助，助け ＿＿＿＿＿＿　□ ⑫ パーティー ＿＿＿＿＿＿

❷ 次の各組から下線部の発音が異なるものを選び，記号を○で囲みなさい。

□ ① ㋐ enjoyed　㋑ relaxed　㋒ tried
□ ② ㋐ cleaned　㋑ cleared　㋒ visited

❸ 次の動詞の過去形を書きなさい。

□ ① talk ＿＿＿＿＿＿　□ ② miss ＿＿＿＿＿＿
□ ③ bake ＿＿＿＿＿＿　□ ④ live ＿＿＿＿＿＿
□ ⑤ stay ＿＿＿＿＿＿　□ ⑥ play ＿＿＿＿＿＿
□ ⑦ worry ＿＿＿＿＿＿　□ ⑧ study ＿＿＿＿＿＿
□ ⑨ write ＿＿＿＿＿＿　□ ⑩ tell ＿＿＿＿＿＿
□ ⑪ take ＿＿＿＿＿＿　□ ⑫ see ＿＿＿＿＿＿

❹ 次の文の(　)に適切な語を下から選び，記号を○で囲みなさい。

□ ① I look (　　) to your lesson.
㋐ at　㋑ best　㋒ forward

□ ② Kate put (　　) a sweater.
㋐ at　㋑ out　㋒ on

□ ③ Some students are (　　) kimonos.
㋐ in　㋑ on　㋒ with

□ ④ That's (　　) bad.
㋐ to　㋑ too　㋒ two

ヒント

❷
-(e)dの発音は，[d]，[t]，[id]の3通り。

❸
●過去形の作り方
・普通《ふつう》は＋-ed
listen→listened
・eで終わる語は＋-d
like→liked
・〈子音《しいん》＋y〉はyをiにかえて＋-ed
try→tried
・不規則に変化する。
go→went

❹
①「～を楽しみに待つ」という意味にする。
② ミスに注意 「～を身に着ける」という動作を表す。
③ ミスに注意 「～を身に着けている」という状態を表す。
④「残念です。気の毒です。」という意味にする。

❺ 次の文の____に，(　)内の語を適切な形にかえて書きなさい。ただし，かえる必要のないものはそのまま書きなさい。

□ ❶ Did you ____________ New Year's cards?　(write)

□ ❷ I didn't study English, but I ____________ math.　(study)

□ ❸ You can't ____________ that big bell.　(ring)

□ ❹ My brother usually ____________ table tennis on Saturdays. I sometimes play with him.　(play)

□ ❺ My grandma ____________ to the hospital yesterday.　(go)

□ ❻ We didn't ____________ dinner during the vacation. (make)

□ ❼ We played basketball.　We really ____________ it.　(enjoy)

□ ❽ They ____________ a birthday party for him.　He got nice presents.　(have)

❻ 次の日本語に合う英文になるように，____に適切な語を書きなさい。

□ ❶ あなたはお寺でお守りを買いましたか。―はい，買いました。

____________ you ____________ an *omamori* at the temple?

— Yes, I ____________.

□ ❷ 彼《かれ》の願いは何ですか。―それは秘密です。

____________ his wish? — ____________ a secret.

□ ❸ あなたは家族と一緒に起きていましたか。

Did you stay ____________ with your family?

点UP □ ❹ 彼は今年の冬は大阪に来られますか。来られるといいな。

Can he come to Osaka this winter?　I ____________ he ____________.

□ ❺ なんてかわいいのでしょう。 ____________ cute!

□ ❻ それはお気の毒です。 ____________ ____________ hear that.

□ ❼ 私の母は熱がありました。

My mother ____________ a ____________.

□ ❽ 私は彼女《かのじょ》がいないのを寂しく思いました。 I ____________ her.

□ ❾ 北海道ではたくさん雪が降りました。

We ____________ a ____________ of snow in Hokkaido.

ヒント

❺

文の意味から形を使い分ける。

❸canは助動詞なのでその後にくる動詞は原形。

❹❼❽は前後の文から現在の文か過去の文かわかる。

❻

❹「～だといいな。」は希望を表す表現。

❺「なんて～。」と言うときはhowかwhatを使う。

❻ ミスに注意 似た意味のThat's too bad.と混同しないこと。

❼「熱があった」は「熱を持っていた」と考える。

❾「雪が降った」は「私たちは雪を持った」という言い方で表せる。

❼ 次の文が(　)内の意味になるように，＿＿に適切な語を下から1つずつ選んで書きなさい。同じ語を2度使ってもよい。

□ ① Bob ＿＿＿＿＿＿ has a cold. （まだ風邪《かぜ》をひいている）

□ ② Jane stayed up ＿＿＿＿＿＿. （遅い時間まで起きていた）

□ ③ My sister got well ＿＿＿＿＿＿. （すぐに健康を回復した）

□ ④ We cleaned our room ＿＿＿＿＿＿ morning. （今朝掃除《そうじ》した）

□ ⑤ I can't visit my grandparents ＿＿＿＿＿＿ year.
（今年は訪ねることができない）

□ ⑥ He saw a bear ＿＿＿＿＿＿ morning. （ある朝見た）

□ ⑦ Where did you go ＿＿＿＿＿＿? （きのうどこに行ったか）

□ ⑧ We eat *soba* ＿＿＿＿＿＿ New Year's Eve. （大みそかに食べる）

□ ⑨ Did you go to the beach ＿＿＿＿＿＿ the summer vacation?
（夏休みの間に行ったか）

during	late	on	one
soon	still	this	yesterday

ヒント

❼
時などに関する語句の問題。this は「この，次の，今度の」という意味で，いろいろな語と組み合わせることができる。
⑧⑨名詞の前で使う語。

❽ 次の文を(　)内の指示にしたがって書き替《か》えなさい。

□ ① The soccer game is exciting. （過去の文に）

＿＿＿＿＿＿＿＿＿＿＿＿＿＿＿＿＿＿＿＿

□ ② My friend tried *natto* in Japan. （否定文に）

＿＿＿＿＿＿＿＿＿＿＿＿＿＿＿＿＿＿＿＿

□ ③ Mr. Sato took a good picture. （ⓐ疑問文に，ⓑnoで応答する文に）

ⓐ ＿＿＿＿＿＿＿＿＿＿＿＿＿＿＿＿＿＿＿＿

ⓑ ＿＿＿＿＿＿＿＿＿＿＿＿＿＿＿＿＿＿＿＿

❽
①be動詞を過去形にする。
② ⊗ | ミスに注意
triedの原形のつづりに注意。
③「佐藤さんはよい写真を撮《と》りました。」という意味。tookの原形のつづりに注意。

❾ 次の日本語に合う英文になるように，(　)内の語(句)を並べ替えなさい。

□ ① あなたは元日に何をしましたか。
(do / did / on / New Year's Day / you / what)?

＿＿＿＿＿＿＿＿＿＿＿＿＿＿＿＿＿＿＿＿?

□ ② あなたはきのう京都にいましたか。
(you / were / Kyoto / in / yesterday)?

＿＿＿＿＿＿＿＿＿＿＿＿＿＿＿＿＿＿＿＿?

❾
①疑問詞で始まる疑問文にする。
②疑問文は主語の前にbe動詞を置く。

ヒント

⑩ 次の英文を日本語にしなさい。

□ ① Don't eat the cookies before dinner.
(　　　　　　　　　　　　　　　　　　　　)

□ ② What a big park!
(　　　　　　　　　　　　　　　　　　　　)

□ ③ By the way, where is your grandmother?
(　　　　　　　　　　　　　　　　　　　　)

□ ④ Did you do your homework by yourself?
(　　　　　　　　　　　　　　　　　　　　)

⑩
①Don't ～. は禁止を表す。
③by the wayは話題を変えるときなどに使う。

⑪ 次の問いにあなた自身の立場で，3語以上の英文で答えなさい。

□ ① Did you have a cold this year?

____

□ ② What did you eat this morning?

____

□ ③ How was your winter vacation?

____

⑪
②③ ミスに注意
疑問詞で始まる疑問文なので，yesやnoでは答えられない。

⑫ 次の日本語を英文にしなさい。

点UP □ ① あなたはきのうテレビで何を見ましたか。
—コメディーの番組を見ました。

____

— ______________________________

□ ② そのケーキはとてもおいしかったです。

____

□ ③ 私はおにぎりをいくつか食べました。

____

□ ④ 彼《かれ》は家族と一緒に長野に行きました。

____

点UP □ ⑤ 私は日本でクリスマスを楽しみたかったです。

____

⑫
①「テレビで～を見る」はwatch ～ on TVを使う。「コメディーの番組」= comedy show
④「～と一緒に」= with ～
⑤「～したい」という表現を思い出そう。

Step 3 予想テスト　Unit 7 New Year Holidays in Japan ~ Daily Life 4

30分　/100点　目標 80点

❶ 次の文の(　)内から適切な語を選び，記号で答えなさい。知　12点(各4点)

❶ I look forward (㋐ of　㋑ to　㋒ from) your letter.

❷ Ken's mother was (㋐ in　㋑ on　㋒ up) a kimono.

❸ My brother (㋐ late　㋑ very　㋒ still) had a cold.

❷ 次の文の____に入る語を右から１つずつ選び，適切な形にかえて書きなさい。ただし，かえる必要のないものはそのまま書きなさい。同じ語を２度使わないこと。知　20点(各4点)

❶ I saw a beach in Okinawa. It _____ beautiful.

❷ Did Goro _____ to bed very early on New Year's Eve?

❸ His brother _____ after dinner yesterday.

❹ I want to _____ the winter vacation.

❺ You can _____ an *omamori* at the temple.

buy	be
enjoy	go
study	

❸ 次の対話文の□に適切なものを下から選び，記号で答えなさい。知　8点(各4点)

❶ *A:* Did you try *omikuji*?
B: □ We liked it.
㋐ Yes, we did.　㋑ No, we didn't.　㋒ Yes, we were.

❷ *A:* I was in bed yesterday. I still have a fever.
B: Sorry to hear that. □ soon.
㋐ Get well　㋑ Get up　㋒ Lucky you

❹ 次の会話文を読んで，後の問いに答えなさい。知 表　40点

Eri: Did you eat any traditional food?
Tina: Yes, I did. I ①(eat) *toshikoshi soba.*
Hajin: *Toshi* ... (②)?
Eri: *Toshikoshi soba.* We eat *soba* on New Year's Eve. It's a Japanese custom.
Tina: *Soba* is long. It's a sign of long life. My father told me.
Hajin: I didn't know ③that. ④(　　) interesting!
Tina: (⑤), where's Kota?
Hajin: He's at home. He has a cold.
Tina: Oh, (⑥). Poor Kota.

❶ ①の(　)内の語を適切な形にかえて書きなさい。 (4点)

❷ ②，⑤，⑥の(　)に適切な語(句)を次から１つずつ選び，記号で答えなさい。 (各4点)

㋐ by the way　　㋑ that's too bad　　㋒ what

❸ 下線部③の内容を日本語で書きなさい。 (6点)

❹ 下線部④が「なんておもしろいのでしょう。」という意味になるように，(　)に入る適切な語を書きなさい。 (6点)

❺ 次の文が本文の内容に合っていれば○を，合っていなければ×を書きなさい。 (各4点)

ⓐ Tinaは伝統的食べ物を食べた。

ⓑ Tinaは父親に年越しそばについて教えた。

ⓒ Kotaは風邪《かぜ》をひいているので家にいる。

❺ 次の問いにあなた自身の立場で，3語以上の英文で答えなさい。表　20点(各10点)

❶ Did you get any presents for Christmas?

❷ What did you study yesterday?

❶	❶	❷	❸	
❷	❶	❷	❸	
	❹	❺		
❸	❶	❷		
❹	❶			
	❷ ②	⑤	⑥	
	❸			
	❹	❺ ⓐ	ⓑ	ⓒ
❺	❶			
	❷			

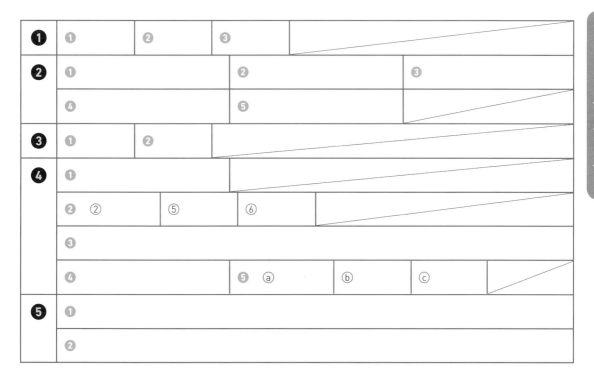

教科書 pp.118-129

Step 1 基本チェック　Unit 8 Getting Ready for the Party ~ Daily Life 5

5分

赤シートを使って答えよう！

❶ [現在進行形]

解答欄

□ 私は今，本を読んでいます。

I'm [reading] a book now.

❷ [現在進行形の疑問文]

□ あなたは今，皿洗いをしていますか。―はい，しています。

[Are] you [washing] the dishes now? — Yes, I [am].

❸ [look＋形容詞]

□ あなたは幸せに見えます。

You [look] happy.

POINT

❶ [現在進行形]

ちょうど今している最中のことを言うときは，〈be動詞＋動詞の-ing形〉で表す。

I　bake　a cake on Sundays.　[私は日曜日にケーキを焼きます。]

・I'm baking a cake now.　[私は今，ケーキを焼いています。]

└ be動詞は主語によって，am，are，isを使い分ける

❷ [現在進行形の疑問文]

現在進行形の疑問文は〈be動詞＋主語＋動詞の-ing形 ～?〉の形になる。

疑問詞を使った疑問文は〈疑問詞＋be動詞＋主語＋動詞の-ing形 ～?〉の形になる。

・Are you baking a cake?　[あなたはケーキを焼いていますか。]

— Yes, I am. / No, I'm not.　[はい，焼いています。／いいえ，焼いていません。]

・What are you doing?　[あなたたちは何をしていますか。]

— We are decorating the cake now.　[私たちは今，ケーキを飾《かざ》っています。]

❸ [look＋形容詞]

「～に見える」と言うときは，〈look＋形容詞〉で表す。

・It　looks wonderful.　[それはすてきに見えます。]

└ 形容詞

・Kota looks funny.　[コウタはおかしく見えます。]

Step 2 予想問題 Unit 8 Getting Ready for the Party ~ Daily Life 5

30分 (1ページ10分)

❶ 次の①～④は意味を日本語で書き，⑤～⑭は英語にしなさい。

□ ① wonderful (　　　　)　□ ② warm (　　　　)

□ ③ pretty (　　　　)　□ ④ ready (　　　　)

□ ⑤ 台所，キッチン ＿＿＿＿　□ ⑥ 正しい ＿＿＿＿

□ ⑦ ～を選ぶ ＿＿＿＿　□ ⑧ 窓 ＿＿＿＿

□ ⑨ ～を身に着けている ＿＿＿＿　□ ⑩ 内側に，内部に ＿＿＿＿

□ ⑪ ～と思う ＿＿＿＿　□ ⑫ シャツ ＿＿＿＿

□ ⑬ カップ，茶わん ＿＿＿＿　□ ⑭ 眼鏡 ＿＿＿＿

❷ 次の語で最も強く発音する部分の記号を答えなさい。

□ ① al-bum
ア イ
(　　)

□ ② dec-o-rate
ア イ ウ
(　　)

❸ 次の文の＿＿に，(　)内の語を適切な形にかえて書きなさい。

□ ① They are ＿＿＿＿ lunch at that restaurant. (eat)

□ ② Yuki is ＿＿＿＿ math now. (study)

□ ③ My brother is ＿＿＿＿ a bath now. (take)

□ ④ We are ＿＿＿＿ the table in the kitchen. (set)

□ ⑤ Is your sister ＿＿＿＿ now? (swim)

❹ 次の文の(　)に適切な語を下から選び，記号を○で囲みなさい。

□ ① Your brother (　　) fine.
㋐ sees　㋑ looks　㋒ watches

□ ② Ken is (　　) soccer now.
㋐ play　㋑ plays　㋒ playing

□ ③ (　　) your mother cooking now?
㋐ Is　㋑ Does　㋒ Can

□ ④ Miho and Rie (　　) taking out the garbage.
㋐ is　㋑ are　㋒ was

ヒント

❶
⑨「～を身に着ける」という動作を表すときはput ～ on/put on ～とする。
⑭ ⊗｜ミスに注意 眼鏡はレンズ2枚で1組なので，常に複数形。

❷
①日本語の「アルバム」とのアクセントの位置の違《ちが》いに注意。

❸
動詞の-ing形の作り方については本誌p.19参照。
③take a bath「入浴する」
④set the table「食卓の用意をする」
④⑤ ⊗｜ミスに注意 set, swimは-ing形の作り方に注意。

❹
①seeとwatchは直後に目的語が続く。
④現在進行形の文では，be動詞は主語によって使い分ける。ここでは主語は複数。

5 次の日本語に合う英文になるように，____に適切な語を書きなさい。

□ ① 私は試合の準備をしています。

I'm ____________ ____________ for the game.

□ ② 1時に私の家に来てください。

Come to my house ____________ one ____________,
please.

□ ③ 絵を取り付けましょう。

Let's ____________ ____________ the pictures.

□ ④ ミカ，それじゃあまたね。

Mika, ____________ ____________ later.

□ ⑤ サムは窓から外を見ています。

Sam is looking ____________ ____________ the window.

点UP □ ⑥ 調子はどうですか，リカ。—元気です。あなたはどうですか。

____________ everything, Rika? — Fine. And ____________?

6 次の文を(　)内の指示にしたがって書き替《か》えるとき，____に適切な語を書きなさい。

□ ① I am playing a video game. (下線部をMy brotherにかえた文に)

My brother ____________ ____________ a video game.

□ ② Ms. Smith is sleeping now. (疑問文に)

____________ Ms. Smith ____________ now?

□ ③ Kenta runs in the park every day.
(下線部をnowにかえて，現在進行形の文に)

Kenta ____________ ____________ in the park now.

□ ④ Jun is clearing the table. (否定文に)

Jun ____________ ____________ clearing the table.

□ ⑤ Kana is reading a book in the library. (下線部をたずねる疑問文に)

____________ is Kana ____________ a book?

点UP □ ⑥ Aki is making a cake. (下線部をたずねる疑問文に)

____________ is Aki ____________?

点UP □ ⑦ Kenta looks happy. (文末にyesterdayを加えた文に)

Kenta ____________ happy yesterday.

ヒント

5

①「用意ができた」はready(形容詞)。

③「(もの)を置く，載《の》せる」と表すときはputを用いる。

④別れるときの挨拶《あいさつ》。

6

③ ミスに注意
runは-ing形の作り方に注意。

④

●現在進行形の否定文
be動詞の後にnotを置く。
I am singing.
I am not singing.

⑦lookは一般《いっぱん》動詞。yesterdayを加えるので過去形にする。

ヒント

7 次のような場合，英語でどのように言いますか。下から１つずつ選び，記号で答えなさい。

□ ❶ 相手が驚《おどろ》くようなものを取り出す場合。　(　　　)

□ ❷ 相手の誕生日を祝う場合。　(　　　)

□ ❸ 相手の感想をたずねる場合。　(　　　)

□ ❹ 自分は全く知らなかったと伝える場合。　(　　　)

□ ❺ 相手の言うことに対してそのとおりだと伝える場合。　(　　　)

㋐ Happy birthday.　㋑ What do you think?

㋒ Surprise!　㋓ That's right.　㋔ I had no idea.

7

㋑think「～と思う」

㋒surprise「驚き，びっくりさせること［もの］」

㋓right「正しい，間違《まちが》いのない」

㋔idea「考え，アイデア，思いつき」

8 次の英文を日本語にしなさい。

□ ❶ The students are waiting in line.

(　　　　　　　　　　　　　　　　　　　　)

□ ❷ What do you need for your classmate's birthday party?

(　　　　　　　　　　　　　　　　　　　　)

8

❶in line「並んで，列になって」

❷for「～のために」

9 右の絵の内容に合う対話になるように，＿＿に適切な英文を書きなさい。

□ ❶ *A:* Is Ms. Aoki eating ice cream?

B: ＿＿＿＿＿＿＿＿＿＿＿＿＿＿＿＿

□ ❷ *A:* What is Mr. Aoki doing?

B: ＿＿＿＿＿＿＿＿＿＿＿＿＿＿＿＿

□ ❸ *A:* Where are the cats sleeping?

B: ＿＿＿＿＿＿＿＿＿＿＿＿＿＿＿＿

9

❷何をしているところかをたずねている。

❸場所をたずねている。

10 次の日本語を英文にしなさい。

□ ❶ 私の弟はあそこでコーヒーを飲んでいます。

＿＿＿＿＿＿＿＿＿＿＿＿＿＿＿＿＿＿＿＿＿＿＿＿

□ ❷ あなたは今，あなたの犬を散歩させているのですか。
―いいえ，散歩させていません。

＿＿＿＿＿＿＿＿＿＿＿＿＿＿＿＿＿＿＿＿＿＿＿＿

― ＿＿＿＿＿＿＿＿＿＿＿＿＿＿＿＿＿＿＿＿＿＿＿

□ ❸ 私のおじはとても悲しそうに見えます。

＿＿＿＿＿＿＿＿＿＿＿＿＿＿＿＿＿＿＿＿＿＿＿＿

10

❶❸主語は３人称《にんしょう》単数。

❷「(動物)を散歩させる」＝walk

教科書 pp.118-129

Step 3 予想テスト　Unit 8 Getting Ready for the Party ~ Daily Life 5

30分　　/100点　目標 80点

1 次の日本語に合う英文になるように，____に入る適切な語を書きなさい。知　24点(各6点)

① それじゃあまたね，ケン。　____ you ____, Ken.

② 私の妹はあそこで踊《おど》っています。　My sister ____ ____ over there.

③ 私たちは授業の準備をしています。　We are ____ ____ for the class.

④ 私は年賀状を書いているところではありません。
I'm ____ ____ New Year's cards.

2 次の日本語に合う英文になるように，(　)内の語(句)を並べ替《か》えなさい。知　14点(各7点)

① 私の父はとても疲れているように見えました。 (looked / tired / father / my / very).

② あなたのお兄さんは駅で待っていますか。
(your / waiting / the station / brother / at / is)?

3 次の対話文の□に適切な文を下から選び，記号で答えなさい。知　10点(各5点)

① *A:* Are you watching TV?
B: □ I'm reading a newspaper.
㋐ Yes, I am.　㋑ No, I'm not.　㋒ Yes, I do.　㋓ No, I don't.

② *A:* □
B: I'm eating cookies. They are delicious.
㋐ What do you do?　㋑ What are you doing?
㋒ Did you bake this cake?　㋓ Do you eat cookies?

4 次の会話文を読んで，後の問いに答えなさい。知 表　32点

Kota, Eri, and Hajin: Hello, Ms. Rios. Hi, Nick.
Ms. Rios: Come in.
Eri: (①) Tina?
Nick: Don't worry. She went shopping with Dad.
Kota: OK. ②<u>So (　　), so good.</u>
Hajin: What are you doing?
Ms. Rios: We're decorating the cake now.
Eri: ③<u>It's very pretty.</u>
Kota: OK. Let's put up the decorations.

❶ ①の(　)に適切な語を次から選び，記号で答えなさい。 (6点)

㋐ Who's　　㋑ What's　　㋒ Where's

❷ 下線部②が「今のところ順調です。」という意味になるように，(　)に入る適切な語を書きなさい。 (6点)

❸ 下線部③を，Itを具体的にして日本語にしなさい。 (8点)

❹ 次の文が本文の内容に合っていれば○を，合っていなければ×を書きなさい。 (各6点)

ⓐ Tina went shopping with her father.

ⓑ Ms. Rios is putting up the decorations with Kota.

❺ ❶あなたの身近な人について，「～は今，…しています。」，❷あなたの身近な人やもの，動物について「～は…に見えます。」という意味の英文を書きなさい。 表

20点(各10点)

❶	❶		❷	
	❸		❹	
❷	❶ .			
	❷ ?			
❸	❶	❷		
❹	❶	❷		
	❸			
	❹ ⓐ	ⓑ		
❺	❶			
	❷			

Step 3 予想テスト　Let's Read 2 The Lion and the Mouse ~ You Can Do It! 3

30分　　/100点　目標 80点

❶ 次の日本語に合う英文になるように，____に入る適切な語を書きなさい。 知　25点(各5点)

❶ 私の弟は約束を守りました。　My brother ______ his ______.

❷ 私たちの学校へようこそ。　______ ______ our school.

❸ そのネズミは逃げました。　The mouse ______ ______.

❹ その行事では何をしてもよろしい。　You ______ ______ anything at the event.

❺ 何人かの生徒たちはポスターを作りました。別の生徒たちは音楽を演奏しました。
______ students made posters. ______ students played music.

❷ 次の日本語に合う英文になるように，____に適切な語を下から１つずつ選んで書きなさい。 知　16点(各4点)

❶ あなたはその鳥を網で捕《つか》まえたのですか。　Did you catch the bird ______ a net?

❷ そのクマは助けを求めてほえました。　The bear roared ______ help.

❸ その猫は草をかみました。　The cat chewed ______ the grasses.

❹ その公園は彼《かれ》の学校の隣にあります。　The park is next ______ his school.

for	in	with	to	on

❸ 次の文の(　)内の語を適切な形(１語)にかえて書きなさい。 知　8点(各4点)

❶ I (hear) the cry in the jungle yesterday.

❷ My sister likes (be) on stage.

❹ 次の対話文を読んで，後の問いに答えなさい。 知 表　31点

One day, a mouse climbed up on a lion's back. The lion ①(catch) the mouse.

Lion: You (　②　) delicious.

Mouse: ③(don't / me / eat / please). We can be good friends. Maybe I can help you someday.

Lion: What? I am the king of the jungle, and you are just a mouse!

Mouse: ④I promise!

Lion: All right, mouse. You may go.

❶ ①の(　)内の語を適切な形にかえて書きなさい。 (5点)

❷ ②の(　)に適切な語を次から選び，記号で答えなさい。 (5点)

㋐ see　　㋑ watch　　㋒ look

❸ 下線部③の(　)内の語を正しく並べ替《か》えなさい。 (5点)

❹ 下線部④でネズミはライオンに何を約束していますか。日本語で書きなさい。 (6点)

❺ 次の文が本文の内容に合っていれば○を，合っていなければ×を書きなさい。 (各5点)

ⓐ ある日，ネズミはライオンの背中に登った。

ⓑ ネズミとライオンは以前から仲のよい友達である。

❺ あなた自身について，❶「私は～することができます。」，❷「私は昨年～をしました。」という意味の英文を書きなさい。 表 20点(各10点)

❶	❶		❷	
	❸		❹	
	❺			
❷	❶	❷	❸	❹
❸	❶	❷		
❹	❶	❷		
	❸ .			
	❹			
	❺ ⓐ	ⓑ		
❺	❶			
	❷			

キリトリ線

テスト前 ☑ やることチェック表

① まずはテストの目標をたてよう。頑張ったら達成できそうなちょっと上のレベルを目指そう。
② 次にやることを書こう（「ズバリ英語〇ページ，数学〇ページ」など）。
③ やり終えたら□に✓を入れよう。
最初に完ぺきな計画をたてる必要はなく，まずは数日分の計画をつくって，
その後追加・修正していっても良いね。

目標

	日付	やること 1	やること 2
2週間前	／	□	□
	／	□	□
	／	□	□
	／	□	□
	／	□	□
	／	□	□
	／	□	□
1週間前	／	□	□
	／	□	□
	／	□	□
	／	□	□
	／	□	□
	／	□	□
	／	□	□
テスト期間	／	□	□
	／	□	□
	／	□	□
	／	□	□
	／	□	□

QRコードのページに登録すると，「ぴたリンク」からも表をダウンロードできるよ

テスト前 ☑ やることチェック表

① まずはテストの目標をたてよう。頑張ったら達成できそうなちょっと上のレベルを目指そう。
② 次にやることを書こう（「ズバリ英語○ページ，数学○ページ」など）。
③ やり終えたら□に✔を入れよう。
最初に完ぺきな計画をたてる必要はなく，まずは数日分の計画をつくって，
その後追加・修正していっても良いね。

目標

	日付	やること 1	やること 2
2週間前	／	□	□
	／	□	□
	／	□	□
	／	□	□
	／	□	□
	／	□	□
	／	□	□
1週間前	／	□	□
	／	□	□
	／	□	□
	／	□	□
	／	□	□
	／	□	□
	／	□	□
テスト期間	／	□	□
	／	□	□
	／	□	□
	／	□	□
	／	□	□

QRコードのページに登録すると，「ぴたリンク」からも表をダウンロードできるよ

光村図書版 英語1年 ヒア ウィ ゴー! 定期テスト ズバリよくでる 解答集

Let's Be Friends! ～ Unit 1

pp.4-7 Step 2

❶ 1 a 2 h 3 B 4 d 5 g
6 E 7 Y 8 Q 9 f 10 i
11 I 12 M 13 n 14 R 15 t

❷ 1 three 2 seven
3 eleven 4 twelve
5 eighteen 6 twenty
7 twenty-four
8 one hundred

❸ 1 祭り，催し 2 かっこいい，すごい
3 上手に，うまく 4 速く
5 春 6 そこに，そこで
7 beautiful 8 book
9 meet 10 hello[hi] 11 fall
12 place 13 baseball
14 swim 15 dance 16 run
17 play 18 student

❹ 1 lost 2 Thanks
3 Here, go 4 I'm from
5 Call me 6 Why
7 years old
8 How about 9 so much
10 Nice, meet
11 Look

❺ 1 a musician 2 play
3 don't like 4 can dance
5 can't[cannot] swim

❻ 1 I am from Kanagawa(.)
2 I'm a student
3 I don't like milk(.)
4 I can play the piano(.)
5 I can't play baseball well(.)

❼ 1 私をアキとよんでください。
2 私は映画と本が好きです。
3 私は柔道《じゅうどう》ができますが，空手はできません。
4 はじめまして。

❽ 1 I like spring[summer, fall, winter].
2 (例) I don't[do not] like black.
3 I can play the flute.

❾ 1 I'm[I am] Tanaka Kentaro.
2 Call me Ken.
3 I'm[I am] from Hiroshima.
4 I like basketball.

考え方

❷ 5「18」はeighteen，「80」はeighty。
7 twenty-fourのように，twentyとfourの間にハイフン(-)を入れる。
8 hundredのつづりに注意。

❸ 8 bookのつづりに注意。
13 baseballで1語。baseとballの間をあけない。

❹ 1「道に迷った」= lost

2 「ありがとう。」＝Thanks.またはThank you.

3 「さあ，行こう［始めよう］。」＝Here we go!

4 出身地を表すときはfromを使う。

5 「私を～とよんでください。」＝Call me ～.

6 否定文に対する「なぜですか」という応答。

7 「～歳」＝～ year(s) old

8 「～はどうですか。」＝How about ～?

9 「あまり～でない」＝not ～ so much

10 「はじめまして。」＝Nice to meet you.

❺ 3 主語が I の一般《いっぱん》動詞の現在の否定文は，一般動詞の前にdon't[do not]を置く。

4 can「～(することが)できる」は動詞の前に置く。

5 canの文を否定文にするときは，canをcan't[cannot]にかえる。

❻ 4 「私は～することができます。」は〈I can＋一般動詞 ….〉の語順。

5 「私は～することができません。」は〈I can't [cannot]＋一般動詞 ….〉の語順。

❼ 2 andは「～と…」という意味。ここではmoviesとbooksを結ぶ働きをしている。

3 butは「しかし，だが，けれども」という意味。

❽ 1 I likeの後に好きな季節名を続ける。

2 I don't[do not] likeの後に好きではない色を続ける。

❾ 1 「私はタナカケンタロウです。」という文にする。

2 「私をケンとよんでください。」という文にする。〈Call me＋ニックネーム.〉で表す。

3 「私は広島出身です。」という文にする。

4 「私はバスケットボールが好きです。」という文にする。I like ～.で表す。

pp.8-9 Step 3

❶ 1 Thanks　2 Call me

3 so much　4 years old

❷ 1 I don't do *kendo*(.)

2 I can play soccer well(.)

3 I can't play the flute(.)

❸ 1 ア　2 ウ

❹ 1 I'm from　2 can swim

3 ⓐ×　ⓑ○　ⓒ○

❺ 1 (例) I like sports.

2 (例) I can play soccer.

考え方

❶ 1 「ありがとう。」は1語で表すとThanks.。

2 「私を～とよんでください。」＝Call me ～.

3 「あまり～でない」＝not ～ so much

4 「～歳」＝～ year(s) old

❷ 1 I don'tに「～をする」のdo ～を続ける。

2 I can play ～.の語順。wellは文末に置く。

3 I can't play ～.の語順。楽器名の前のtheを忘れないようにすること。

❸ 1 初対面の挨拶《あいさつ》はNice to meet you.。

2 コウタのI don't like spring.という否定の言葉を受けて，「どうして(好きではないのですか)。」と聞き返すときはWhy not?と言う。

❹ 1 自分の出身地を言うときは，I'm from ～.とする。

2 「私は～することができます。」は〈I can＋一般動詞 ….〉の語順。

3 ⓐティナはI like music and sports.と言っている。

ⓑⓒ絵里の最後の発言参照。

❺ 1 I like ～.で表す。

2 〈I can＋一般動詞 ….〉で表す。

Unit 2

pp.11-13 Step 2

❶ 1 ～を描く 2 科学，理科 3 練習する
4 運動好きな人，スポーツマン，運動選手
5 火曜日 6 活動，運動
7 yes 8 no 9 sometimes
10 Thursday 11 write
12 eat 13 this 14 drink

❷ 1 イ 2 ア 3 イ 4 イ 5 ウ 6 イ
7 ウ

❸ 1 after me 2 in
3 a little 4 Here's
5 interested in
6 Thank you

❹ 1 You are 2 Do you ride
3 Are you 4 Can you make
5 You, soccer fans

❺ 1 Are you from Australia(?)
2 I never drink coffee(.)
3 Can you draw an octopus(?)
4 Do you play baseball here(?)

❻ 1 Yes, I am.[No, I'm not.]
2 Yes, I do.[No, I don't.]
3 Yes, I can.[No, I can't.]

❼ 1 Can you dance well?
2 Are you interested in outdoor sports?

考え方

❶ 1 11「～を描く」はdraw,「～(字など)を書く」はwrite。

❷ 1 曜日を表す名詞の前にonを置いて，「～曜日に」という意味を表す。
2 文中に一般動詞がないので，be動詞の文だとわかる。Are you ～?で「あなたは～ですか。」という意味の文。
3 文中に一般動詞のlikeがあるので，疑問文は主語の前にdoを置く。
4 newの前にaがないので，このyouは「あなたたちは」という意味。studentsと複数形にする。
5 Can you ～?にはcanを使って答える。
6 Do you ～?にはdoを使って答える。
7 What's this?「これは何ですか。」にはIt's ～.「それは～です。」と答える。

❸ 1「私の後について言ってください。」= Repeat after me. 相手の行動を促《うなが》す表現。
2「入りなさい。」= Come in.
3「少し」はa littleで表す。
4「ここが～です。」をHere's ～.で表す。
5「～に興味[関心]を持っている」はbe interested in ～。beは主語がＩのときはam, youのときはareになる。
6 Thanks.「ありがとう。」も覚えておこう。

❹ 1 主語がＩからyouになるので，amはareにする。
2 主語の前にdoを置いて，Do you ride ～?とする。
3 主語の前にareを置く。
4 主語の前にcanを置いて，Can you make ～?とする。
5 主語がyouになるので，be動詞はare。「あなたたちは」なので，fansと複数形にする。

❺ 1「あなたは～ですか。」はAre you ～?で表す。出身地を表すときはfromを用いる。
2「決して～ない」と言うときは，一般動詞の前にneverを置く。
3「あなたは～することができますか。」はCan

you ～? で表す。

4 「あなたは～しますか。」はDo you ～?で表す。

❻ 1 問いは「あなたはバスケットボールファンですか。」という意味。Yes, I am. か No, I'm not.で答える。

2 問いは「あなたはドラムを演奏しますか。」という意味。Yes, I do.かNo, I don't.で答える。

3 問いは「あなたは『虎』を漢字で書くことができますか。」という意味。Yes, I can. か No, I can't.で答える。

❼ 1 「あなたは～することができますか。」はCan you ～? で表す。

2 「あなたは～に興味を持っていますか。」はAre you interested in ～? で表す。「～に興味[関心]を持っている」はbe interested in ～, 「屋外のスポーツ」はoutdoor sports。

pp.14-15　Step ❸

❶ 1 here's　2 after　3 in

❷ 1 Can you play the piano(?)

2 Do you sometimes dance(?)

3 Are you interested in the track team(?)

❸ 1 エ　2 イ

❹ 1 Do you like　2 Yes, do

3 ⓐ○　ⓑ×　ⓒ○

❺ 1 (例) Can you swim fast?

2 Do you play soccer on Sunday(s)?

考え方

❶ 1 「ここが～です。」= Here's ～.

2 「私の後について言ってください。」= Repeat after me.

3 「入りなさい。」= Come in.

❷ 1 〈Can you＋一般《いっぱん》動詞 ～?〉の語順。

2 〈Do you＋一般動詞 ～?〉の語順。sometimesなど頻度《ひんど》を表す副詞は原則として一般動詞の前に置く。

3 Are you ～?の文。「～に興味[関心]を持っている」= be interested in ～

❸ 1 Are you ～?にはYes, I am. か No, I'm not. と答える。BがI'm from Osaka. と言っていることから, noの答えが適切。

2 Do you ～?にはYes, I do. か No, I don't. と答える。BがI play basketball, too.「私はバスケットボールもします。」と言っていることから, yesの答えが適切。

❹ 1 Do you like ～? で表す。

2 下線部②の後でコウタは「ぼくはトランペットを少し演奏します。」と言っている。Do you ～?への答えなので, Yes, I do.とする。

3 ⓐ 4行目参照。

ⓑ 5～6行目参照。

ⓒ 宇多田先生は「私たちはいつもは月曜日と, 水曜日と, 金曜日に練習します。」と言っている。「週に3日」ということなので, 合っている。

❺ 1 〈Can you＋一般動詞 ～?〉で表す。

2 〈Do you＋一般動詞 ～?〉で表す。「日曜日に」はon Sunday(s)。

Unit 3 ～ You Can Do It! 1

pp.18-21 Step 2

❶ 1 ～に登る
2 (動物)を散歩させる，歩かせる
3 お気に入りの，いちばん好きな
4 彼《かれ》[彼女《かのじょ》]らは[が]，それらは[が]
5 本当に，本当は　6 浜辺，ビーチ
7 mountain　8 visit
9 Internet　10 computer
11 heavy　12 people
13 enjoy　14 stay　15 sing
16 car

❷ 1 ア　2 イ

❸ 1 ウ　2 ア　3 ウ　4 イ　5 イ

❹ 1 over，world　2 good at
3 in，future
4 How many
5 watching / Sounds
6 taking pictures
7 listening to
8 What，do
9 want to stay
10 What，want to
11 My dog's

❺ 1 climbing mountains
2 to take
3 How many computers
4 How do you

❻ 1 What do you do during
2 I don't like walking my dog(.)
3 Do you want to go skiing(?)
4 How do you usually go to the library(?)
5 How many notebooks do you use(?)

❼ 1 それら[あれら]は何ですか。
2 それらはトランペットに似ています[のようです]。
3 私は夏休みの間，ただギターを練習するだけです。
4 私は友達と話をするのが好きです。
5 あなたは将来，何になりたいですか。

❽ 1 Yes, I do.[No, I don't[do not].]
2 Yes, I do.[No, I don't[do not].]
3 (例) I want to play basketball.

❾ 1 They want to go camping.
2 How many birds do you have?
3 I'm[I am] good at dancing.
4 What do you do after running in the park?

考え方

❶ 1 書くときclimbのbを忘れないように。
11 heavyのeaのつづりに注意。

❸ 1 visitは１語で「(場所)へ行く」という意味。
2 withは「～と一緒に」という意味。
3 〈want to＋動詞の原形〉で「～したい」。疑問文になっても，この部分の語順は変わらない。
4 of course「もちろん，当然」
5 Bが「それはヨットです。」と答えているので，「あれは何ですか。」とたずねる文にする。

❹ 1 「世界中の[で，を]」＝all over the world

2「～するのが上手だ」= be good at ～ing

3「将来(において)，今後，これから先」= in the future

4 数をたずねるときは〈How many + 複数を表す名詞(cats, peopleなど) ～?〉とする。

5「楽しそうだね。」= Sounds fun.

6「写真を撮《と》る」= take a picture　takeの-ing形はtaking。ここではtaking pictures と複数形にする。

7「～を聞く」= listen to ～　解答欄《らん》が2つなので，「～することが好き」をlike listening to musicと表す。

8 10「何を～」なのでWhatで始める。

9「～したくない」は〈don't[do not] want to + 動詞の原形〉。

11「～(人名・動物名など)の」を～'sで表す。

❺ 1「～に登ること」をclimbの-ing形で表す。

2「～したい」を〈want to + 動詞の原形〉で表す。

3 数をたずねるときは，〈How many + 複数を表す名詞 ～?〉にする。

4 on foot「徒歩で」　howで交通手段をたずねる。

❻ 1「何を～」なのでWhatで始める。

3「あなたは～したいですか。」はDo you want to ～?の語順。「スキーをしに行く」= go skiing

4「あなたはどのようにして～しますか。」はHow do you ～?の語順。

5 数をたずねるHow many ～?の疑問文。

❼ 1 thoseはthatの複数形で「それら，あれら」という意味。

2 likeには「～に似た，～のような」という前置詞としての意味もある。

3 just「ただ～だけ」がpractice the guitarを修飾《しゅうしょく》して，「ただギターを練習するだけ」を表す。

5 want to be ～「～になりたい」

❽ 1 問いは「あなたはインターネットを見て回るのが好きですか。」という意味。Yes, I do.かNo, I don't[do not].で答える。

2 問いは「あなたはフランスを訪《おとず》れたいですか。」という意味。Yes, I do.かNo, I don't[do not].で答える。

3 問いは「あなたは今週末，何をしたいですか。」という意味。したいことを具体的にI want to ～.で答える。

❾ 1「彼らは」はthey。「～したいと思っている[～したがっている]」なので，They want to ～.とする。

2「飼う」はhaveを使う。

3「～するのが上手だ」= be good at ～ing　～ingのところにdanceの-ing形が入る。

4「～した後で」= after ～ing(動名詞)

pp.22-23　Step 3

❶ 1 in, future　2 good at

3 every year

❷ 1 I like listening to music(.)

2 I want to take pictures(.)

3 What do you practice on

❸ 1 イ　2 ウ

❹ 1 How about

2 本町夏祭りに行くこと

3 Tina：(普通《ふつう》は)祖父母を訪ねる。

Eri：　家族とビーチへ行く。

4 ⓐ×　ⓑ○

❺ 1 (例) I want to visit Kobe.

2 (例) I like playing[to play] the piano.

考え方

❶ 1「将来」= in the future

2「～が上手だ」= be good at ～

3「毎年」= every year

❷ 1〈I like + 動詞の-ing形 ....〉の語順。「～を聞く」= listen to ～

2 〈I want to＋動詞の原形 ….〉の語順。「写真を撮る」＝take pictures

3 「あなたは何を～しますか。」はWhat do you ～?の語順。「月曜日に」＝on Mondays

❸ 1 Do you ～?にはYes, I do.かNo, I don't.と答える。Bが「私は家にいるのが好きです。」と言っていることから，Noの答えが適切。

2 What do you ～?にはyes / noでは答えず，具体的な内容を答える。

❹ 1 「～はどうですか。」＝How about ～?

2 直前のコウタの発言参照。

3 2～3行目のティナと絵里の発言参照。

4 ⓐティナがコウタにたずねている。

ⓑ 5行目参照。

❺ 1 〈I want to＋動詞の原形 ….〉で表す。

2 〈I like＋動詞の-ing形[to＋動詞の原形] ….〉で表す。

Unit 4

pp.26-29 **Step ❷**

❶ 1 **おかしい，おもしろい**

2 **友好的な，人なつこい，優《やさ》しい**

3 **俳優** 4 **頭のよい** 5 **社会科**

6 **たくましい，丈夫な，タフな**

7 popular 8 strong 9 him 10 kind

11 brave 12 neighbor 13 game 14 wait

❷ 1 **ア** 2 **ア** 3 **ア** 4 **イ**

❸ 1 **ア** 2 **イ** 3 **ウ** 4 **ア** 5 **ア** 6 **ウ**

❹ 1 I'm from 2 to meet 3 Call me

4 can't wait 5 Maybe 6 sister, in

7 Who's 8 an astronaut 9 want to

10 Let's ask

❺ 1 my 2 your 3 our 4 His 5 Her

6 him 7 Jim's

❻ 1 Who 2 What's 3 Who's

❼ 1 is 2 Is she 3 is not 4 Who's

❽ 1 Is he a good badminton player(?)

2 Maybe she's your classmate(.)

3 Kana is not Yuka's sister(.)

❾ 1 **あなた(たち)の英語の先生はカナダ出身ですか。**

2 **彼女《かのじょ》は厳《きび》しい[厳格]ですが，彼女の授業はおもしろいです。**

3 **あなた(たち)は私の兄[弟]に会いたいですか。**

❿ 1 Yes, I do.[No, I don't[do not].]

2 It's[It is] spring[summer / fall / winter].

3 **(例)**It's[It is] Dazai Osamu.

⓫ 1 This is Mr. Tanaka.
He's[He is] popular.

2 That's[That is] my classmate.
She's[She is] friendly.

3 Rina isn't[is not] a singer.

4 Is Ms. Hill an actor? / Yes, she is.

考え方

❶ 5 教科の「社会科」。単数扱い。

12 neighborの下線部は発音しない。つづりにも注意。

❸ 1 Mr.は男性の姓《せい》・姓名の前に付ける語なので，He is ～.となる。

2 Ms.は女性の姓《せい》・姓名の前に付ける語なので，She's ～.となる。

3 Tom is ～.の文で「～だよね」と相手に同意を求めるとき，軽く質問するときは，文末に〈, isn't he?〉を付ける。

4 3 への応答。新入生ならyesで，新入生でないならnoで答える。

5 I see.「わかりました[なるほど]。」

6 Bが「彼《かれ》は私たちの美術の先生です。」と答えているので，「あちらは誰《だれ》ですか。」とたずねる文にする。

❹ 1 「私は～出身です。」= I'm[I am] from ～.

2 初対面の挨拶《あいさつ》。

3 「私を～とよんでください。」= Call me ～.

4 「待ちきれないな[楽しみだな]。」= I can't wait.

5 「もしかしたら，ひょっとしたら」= maybe

6 「～に所属して」と言うときは，inを用いる。

7 who isの短縮形はwho's。

8 astronautのように母音《ぼいん》で始まる語の前ではaではなくanを使う。

9 「～したい」は〈want to + 動詞の原形〉で表す。

10 「～しよう。」と誘《さそ》うときはLet's ～.とする。

❺ 1～5 それぞれ「～の」の形にする。I→my, you→your, we→our, he→his, she→herとなる。

6 「彼を[に]」はhim。

7 「ジムの」のように「～(人名)の」と言うときは，人名に〈's〉を付けてJim'sとする。

❻ それぞれBがどのように答えているかに注目する。1 は「彼女《かのじょ》は新しい先生(人)です。」，2 は「それはスイカ(もの)です。」，3 は「彼はタカシ(人)です。」と答えている。

❼ 1 主語がyour brotherになると，be動詞はisになる。

2 She is ～.の疑問文は，isを主語の前に置く。

3 Kenta is ～.の否定文は，isの後ろにnotを置く。

4 「誰～」とたずねる文にする。ここでは解答欄《らん》が1つなので，who isの短縮形who'sを使う。

❽ 1 「上手なバドミントン選手」は英語でも日本語の語順と同じでgood badminton player。前にaを付け忘れないように注意。

2 maybeは普通《ふつう》，文頭に置く。

3 「～ではありません」なので，isの後にnotを置く。

❾ 1 Your English teacher is from Canada.の疑問文。

2 butは「しかし，だが，けれども」という意味。

3 want to ～は「～したい」という意味。

❿ 1 問いは「あなたは科学[理科]が好きですか。」という意味。Yes, I do.か No, I don't[do not].で答える。

2 問いは「あなたがいちばん好きな季節は何ですか。」という意味。It's[It is]の後に好きな季節を続ける。

3 問いは「あなたがいちばん好きな作家は誰ですか。」という意味。It's[It is]の後に好きな作家名を続ける。

⓫ 1 「こちらは～です。」はThis is ～.で，「彼は～です」はHe's[He is] ～.で表す。

2 「あちらは～です。」はThat's[That is] ～.で，「彼女は～です。」はShe's[She is] ～.で表す。

3 「～ではありません」はisの後にnotを置く。

4 「～ですか」は主語の前にisを置く。答えの文の主語はshe。

pp.30-31 Step 3

❶ 1 She is 2 He's, popular 3 is a
4 Call me

❷ 1 Is he a smart player(?)
2 Mika is not my neighbor(.)

❸ 1 ウ 2 ア

❹ 1 ウ
2 **彼は上手なバスケットボール選手ですよね。**
3 ⓐ○ ⓑ○ ⓒ×

❺ 1 **(例)**This is my classmate.

2 (例) She is friendly.[He is from Tokyo.]

考え方

❶ 1「彼女は～です。」はShe is ～.で表す。

2 解答欄の数から判断して，he isの短縮形he'sを入れる。「人気のある」はpopular。

4「私を～とよんでください。」はCall me ～.で表す。

❷ 1 疑問文なのでIsで始める。「頭のよい選手」はsmart player。

2 否定文はisの後にnotを置く。

❸ 1 初対面の挨拶が適切。

2 Bが「待ちきれないな[楽しみだな]。」と言っていることから，ア「彼の授業はおもしろいです。」が適切。

❹ 1 絵里が「もしかしたら彼は新しい生徒です。」と答えているので，ティナは「誰」とたずねたことがわかる。

2「～ですよね。」と相手の同意を求める表現。

3 ⓐ 3行目参照。

ⓑ 最後の2行参照。

ⓒ 最終文参照。

❺ 1 This is ～.で表す。

2 He[She] is ....で表す。

Unit 5 ～ Active Grammar 2

pp.34-37 Step 2

❶ 1 **カフェテリア**

2 **(食べ物)を出す，(人)に食事を出す**

3 **共に，一緒に** 4 **黒板**

5 **(人・もの)の後について行く[来る]**

6 **(床・地面など)を掃《は》く**

7 **感心して，感動して**

8 **(よく整理をして)きちんとした** 9 time

10 morning 11 afternoon 12 behind

13 before 14 clean

❷ 1 ア 2 イ 3 ウ 4 イ

❸ ア

❹ 1 ウ 2 ア 3 イ 4 ウ 5 ウ

❺ 1 When is 2 May 3 Let's, shopping

4 We, in, together 5 Please bring, own

6 every day 7 Really 8 Don't, by

9 Whose / Kumi's 10 go, bed

11 is on

❻ 1 them 2 mine 3 him 4 ours 5 her

6 Their 7 it

❼ 1 before 2 next to 3 under 4 after

5 between 6 in front of 7 on

❽ 1 Where is 2 When do 3 Where can

❾ 1 Let's go to the entrance(.)

2 When do you study Japanese(?)

3 Where do you have lunch every day(?)

❿ 1 **消しゴムを取り出しなさい。**

2 **体育館は門とプールの間にあります。**

3 **ここに主要な玄関《げんかん》[入口]があります。**

⓫ 1 (例)(I study) In my room.

2 (例)(It's[It is]) June 3.

3 (例)(I (usually) take a bath) After dinner.

⓬ 1 Where do you practice the piano? / I practice (it) in the music room.

2 When do you practice basketball? / I practice (it) after school on Mondays and Fridays.

3 Stay home in the morning.

4 Don't take pictures[a picture] in our

school.

5 Let's have[eat] lunch in[at] that cafeteria.

考え方

❶ 11 afternoonは〈after「～の後)」＋noon「正午」〉で「正午の後」→「午後」という意味。

❸ entranceは母《ぼ》音《いん》で始まる語なので，theは[ði]と発音する。

❹ 1 このwatchは「～をじっと見ている」の意味ではなく「～に注意(して行動)する」の意味。

2 take off ～で「～を脱ぐ」の意味。

3 over thereは「あそこ，あちら」の意味。

4 serve lunch「昼食を出す」

5 前に出た名詞(ここではa computer)の繰《く》り返しをさけるためにoneを使う。

❺ 1「～はいつですか。」はWhen is ～?で表す。

3「買い物に行く」はgo shopping。

4「一緒に」はtogetherで表す。

5 please「どうか，どうぞ」を付けるとやや丁《てい》寧《ねい》な命令文になる。your own ～で「あなた自身の～」の意味になる。

6「毎日」はevery day。

7「えっ，ほんと？」はReally?で表す。

8 by car「車で」のように交通手段を表すときは，乗り物の前にaやtheを使わない。

9「誰《だれ》の～」とたずねるときは〈whose＋名詞〉で表す。

10「就寝する，寝《ね》る」はgo to bed。

11「～の上に(接して)」＝on ～

❻ 1 目的語になる形。

2「私のもの」の意味にする。

3 目的語になる形。

4「あなた(たち)の教室」ではなく「私たちの教室」ということから，「私たちのもの」になる。

5「彼女《かのじょ》の」の意味になる形。

6「彼《かれ》らの」の意味になる形。

7 目的語になる形。

❼ 1 before ～「～よりも前に」〔時〕

2 next to ～「～の隣の[に]」〔場所〕

3 under ～「～の下に」〔場所〕

4 after ～「～の後に」〔時間・順序〕

5 between A and B「AとBの間に」〔場所〕

6 in front of ～「～の正面に」〔場所〕

7 on Saturday morningで「土曜日の午前中に」。「午前中に」はin the morning。

❽ 1 疑問詞whereを文頭に置く。

2 疑問詞whenを文頭に置き，その後に一般《いっぱん》動詞の疑問文の語順 do you walk ～ を続ける。

3 canを使って「どこで」とたずねる疑問文なので，Where can ～?とする。

❾ 1「～に行く」＝go to ～

2「いつ～」なので，Whenで始める。

3「どこで～」なので，Whereで始める。「毎日」＝every day

❿ 1 take out ～は「(もの)を取り出す」。

2 between ～ and …「～と…の間に[で・を・の]」

3 Here is ～.は「ここに～があります。」という意味。

⓫ 1「あなたはどこで勉強しますか。」という問い。場所を答える。

2「あなたの誕生日はいつですか。」という問い。月名は正確に書けるようにしよう。

3「あなたは普《ふ》通《つう》はいつ入浴しますか。」という問い。

⓬ 1 2 疑問詞Where, Whenに一般動詞の疑問文の語順do you ～が続く。日本語に合わせて，I practiceで始まる文で答える。2は曜日のつづりに注意。

3 動詞の原形で始まる命令文。「家にいる」＝stay home,「午前中は」＝in the morning

4「～してはいけません。」＝Don't ～.

5「～しましょう。」＝Let's ～.

pp.38-39 Step 3

❶ 1 Where is　2 Take off　3 Where do

4 Don't play

❷ 1 Let's go to the teachers' room(.)

2 When is the game(?)

❸ 1 ア　2 ウ

❹ 1 イ　2 **私たちが床を掃《は》いて黒板を拭《ふ》きます。**

3 ⓐ ×　ⓑ ○　ⓒ ×

❺ 1 (例)(It's[It is]) On the third floor.

2 (例)(I (usually) study) Before dinner.

考え方

❶ 1「～はどこですか。」はwhereとbe動詞を使って，Where is ～?で表す。

2 命令文は動詞の原形で始める。「～を脱ぐ」はtake off ～。

4「～してはいけません。」はDon't ～.の形。

❷ 1「～に行きましょう。」はLet's go to ～.。「職員室」はteachers' room。

2「～はいつですか。」はwhenとbe動詞を使って，When is ～?とする。

❸ 1「水泳プールはどこですか。」という質問の答えとして意味が通じるのは，アの「ありません。」だけ。イ「教室の中に。」，ウ「これはいい考えです。」

2 Aの「私たちは教室を掃除《そうじ》しません。」という発言に対して，Bは「私たちは毎日教室を掃除します。」と言っているので，ウの「えっ，ほんと？」が適切。

❹ 1 ティナが「掃除の時間の後で。」と答えているので，リオスさんは「いつ」とたずねた。

2 sweep「～を掃く」，wipe「～を拭く」。

3 ⓐ ティナもWe sweep ～.と言っている。

ⓑ リオスさんは「掃除の時間」のことを知らず，また，最終行で「感心しました。」と言っているので，知らなかったと考えられる。

ⓒ 1～2行目参照。

❺ 1 on the ～ floor, next to ～, between ～ and …などを使って場所を答える。

2 After dinner.「夕食後に。」，On Sunday (morning).「日曜日(の午前)に。」などを使ってもよい。

Unit 6 ～ You Can Do It! 2

pp.42-45　Step 2

❶ 1 休息，休憩　2 (時間の)分

3 静かな，無口な，おとなしい

4 活発な，元気な

5 すみません。ごめんなさい。

6 はい。もちろん。そのとおり。

7 心配する，気にする，悩む　8 親

9 dollar　10 Christmas　11 water

12 newspaper　13 cook　14 dish

❷ 1 イ　2 ウ

❸ 1 doesn't　2 worries　3 grandpa

4 uncle

❹ 1 ア　2 ウ　3 ウ　4 ア

❺ 1 needs　2 speaks　3 studies　4 enjoys

5 goes　6 washes　7 has　8 play

❻ 1 either　2 What, it / It's　3 How much

4 almost　5 in bed　6 junior high

7 lot of　8 well these　9 sets, table

❼ 1 Which　2 What　3 When　4 Why

5 Whose　6 Where　7 How　8 Who

9 Whose　10 Which　11 What

❽ 1 Where does, from　2 Who is

❾ 1 What do you want for your birthday(?)

2 I am a little bit tired(.)

❿ 1 朝食前にごみを出しなさい。

2 あの[その]生徒は私と一緒に授業を受けています。

3 オレンジジュースをもらってもいいですか[もらえますか]。

4 この地図の向きをぐるりと変えなさい。

⓫ 1 (例)(My favorite) athlete (is) Kubo Takefusa(.)

2 (例)(He) can play soccer very well(.)

⓬ 1 What color does your mother like? / She likes pink.

2 Her brother likes basketball very much.

3 Ted and Judy go to the same school.

4 My friend practices the trumpet very hard every day.

5 My teacher doesn't[does not] live in Honcho.

考え方

❶ 5 6 会話の決まり文句。

❷ 1 ア，ウは[z]。イは[s]。

2 ア，イは[z]。ウは[iz]。

❸ 1 does notの短縮形にする。

2 動詞を現在の文で，3人称《にんしょう》単数の名詞が主語のときの形にする。worryのyをiにかえて，-esを付ける。

3 mom「お母さん，ママ」とdad「お父さん，パパ」は対になる語なので，grandma「おばあちゃん」と対になる語を考える。

4 3と同様に，sister「姉妹《しまい》」とbrother「兄弟」は対になる語なので，aunt「おば」と対になる語を考える。uncleのつづりに注意。

❹ 1 look at ～「～を見る」

2 give up「諦《あきら》める」

3 get up「起きる，起床する」

4 come from ～「～出身である」

❺ 1 2 -sを付けるだけ。

3 語尾《ごび》が〈子音＋y〉なので，yをiにかえて-esを付ける

4 語尾が〈母音《ぼいん》＋y〉なので，-sを付けるだけ。

5 oで終わるので-esを付ける。発音は[z]。

6 shで終わるので-esを付ける。発音は[iz]。

7 haveは不規則に変化する動詞。

8 canの後の動詞はいつでも原形。

❻ 1 否定文で「～もまた」と言うときはtooではなく，eitherを使う。

2 o'clockは使わず，It's ten.だけでもよい。o'clockはof the clockの短縮形。

3 How much is ～?「～はいくらですか。」

4 「ほとんど，もう少しで」はalmost。

5 「(ベッドで)寝《ね》ている」はin bed。

6 「中学校」はjunior high schoolなので，中学生はそれにstudentを付ければよい。

7 「たくさんの～」＝a lot of ～　後の名詞が複数形friendsになっている。

8 「最近」＝these days

9 「食卓の用意をする」＝set the table

❼ 1 「あなたは春と夏では，どちらが好きですか。」

2 「これは何ですか。」

3 「あなたはいつ入浴しますか。」

4 「あなたはなぜ駅へ行くのですか。」

5 「あのボールは誰《だれ》のものですか。」

6 「そのレストランはどこにありますか。」

7 「あなたの犬はどんな様子ですか。」

8 「あなたの体育の先生は誰ですか。」

9 「これは誰の机ですか。」

10 「あなたはどちらのクラブが好きですか。」

11 「あなたはどんな本が欲《ほ》しいですか。」

❽ 1 come from ～「～の出身である」　出身地はWhere is ～ from?の形でたずねることもできるが，ここはcomeがあるので一般《いっぱん》動詞の疑問文にする。

2 whoは名前だけでなく，その人との関係をたずねるときにも使う。

❾ 1 for your birthday「誕生日(のため)に」

2 a little bitは，×a bit littleとは言わないので注意すること。

❿ 1 garbageは主に「生ごみ」を表す。

2 このclassは「クラス」ではなく「授業」の意味。

3 Can I have ～?で「～をもらってもいいですか[もらえますか]。」という意味を表せる。

4 turn ～ around「～の向きをぐるりと変える」。turnは基本的に「～を回す，回転させる」という意味。

⓫ 1 解答例のathleteはsoccer playerなどでもよい。

2 英語で言える特徴《とくちょう》を考えてみよう。

⓬ 1 「何色」とたずねるときは，What colorを文頭に置き，一般動詞の疑問文の語順does your mother likeを続ける。

2 「～が大好き」→「～がとても好き」＝like ～ very much

3 Ted and Judyは3人称だが複数なので，動詞はgoesにしない。

4 very hardとevery dayの語順を逆にしないように。また×everydayと1語にして

はいけない。

5 3人称単数が主語の現在の一般動詞の否定文。～ doesn't[does not] live ….となる。

pp.46-47　Step 3

❶ 1 ウ　2 イ　3 イ　4 イ

❷ 1 has　2 goes　3 studies　4 watch

❸ 1 イ　2 ウ

❹ 1 a lot

2 **彼女《かのじょ》は私と遊びもしません。**

3 イ

4 ⓐ×　ⓑ○　ⓒ○

❺ 1 Whose pencil is this?[Whose is this pencil?]

2 My brother takes a bath before dinner.

考え方

❶ 1「私はたくさんの本を持っています。」 aやanの後には複数形が続くことはないが，a lot ofの後の数えられる名詞は複数形になる。

2「これは誰のノートですか。」「それは私のものです。」

3「あなたのお兄さん[弟さん]は誕生日に何を欲しがっていますか。」

4「ランチセットをもらってもいいですか[もらえますか]。」「はい。」というやりとり。

❷ 1「サオリは3匹の猫を飼っています。」×haves にはならない。

2「アキラはとても早く寝ます。」

3「私の姉[妹]は夕食後に勉強します。」

4「私の父は日曜日には映画を見ません。」doesn'tの後なのでwatchesとしないで，原形を使う。

❸ 1 What time is it?「何時ですか。」には時刻を答える。

2 疑問詞で始まる疑問文はyes / noでは答えない。

❹ 1 このsleeps a lot「よく眠《ねむ》っている」は，1行目でsleep wellと言っているのを言い替《か》えた表現になっている。

2〈否定文，either.〉で「～も…ない」。

3 Kota, Eri, and Hajinをまとめて1語で表す語はtheyだが，be動詞も必要なので，短縮形のThey'reを選ぶ。

4 ⓐ 1～3行目参照。

ⓑ 5～6行目参照。

ⓒ 最後から2行目参照。

❺ 1「これは誰の鉛筆ですか。」と「この鉛筆は誰のものですか。」の2通りの文が考えられる。

2 take a bath「入浴する」のbathにはaが必要だが，before dinnerのdinnerにはaを付けないことに注意しよう。

Unit 7 ～ Daily Life 4

pp.50-53 Step 2

❶ 1 授業　2 建物《たてもの》，建造物
3 習慣，風習　4 木，森，林
5 ついているね。運がいいね。　6 伝統的な
7 興奮させる，胸をわくわくさせる，刺激《しげき》的な
8 とてもおいしい　9 snow　10 present
11 help　12 party

❷ 1 イ　2 ウ

❸ 1 talked　2 missed　3 baked　4 lived
5 stayed　6 played　7 worried
8 studied　9 wrote　10 told　11 took
12 saw

❹ 1 ウ　2 ウ　3 ア　4 イ

❺ 1 write　2 studied　3 ring　4 plays
5 went　6 make　7 enjoyed　8 had

❻ 1 Did, buy / did　2 What's / It's
3 up　4 hope, can　5 How
6 Sorry to　7 had, fever　8 missed
9 had, lot

❼ 1 still　2 late　3 soon　4 this　5 this
6 one　7 yesterday　8 on　9 during

❽ 1 The soccer game was exciting.
2 My friend didn't[did not] try *natto* in Japan.
3 ⓐ Did Mr. Sato take a good picture?
ⓑ No, he didn't[did not].

❾ 1 What did you do on New Year's Day(?)
2 Were you in Kyoto yesterday(?)

❿ 1 夕食前にクッキーを食べてはいけません。
2 なんて大きな公園なのでしょう。
3 ところで，あなたのおばあさんはどこにいますか。
4 あなたは一人で[自力で]宿題をしましたか。

⓫ 1 Yes, I did. / No, I didn't[did not].
2 (例)I ate some rice cakes.
3 (例)It was fun.

⓬ 1 What did you watch on TV yesterday? / I watched a comedy show.
2 The cake was delicious.
3 I ate[had] some rice balls.
4 He went to Nagano with his family.
5 I wanted to enjoy Christmas in Japan.

考え方

❶ 5 会話の決まり文句。

❷ 1 ア，ウは[d]，イは[t]。
2 ア，イは[d]。ウは[id]。visited，wanted，repeated，neededなどのedは[id]という音になる。

❸ 1～8の規則動詞で気を付けることは，eで終わる語は-dだけを付けること(baked，lived)。また，stay, playなどは〈母音《ぼいん》＋y〉なので-edを付けるが，worry，studyなどは語尾《ごび》が〈子《し》音《いん》＋y〉なのでyをiにかえてから-edを付ける(worried, studied)。
9～12の不規則動詞は，write－wrote，tell－toldのように何度も声に出して覚えるようにしよう。

❹ 1 look forward to ～「～を楽しみに待つ」
2 putは不規則動詞で過去形もput。put ～ on / put on ～「～を身に着ける」 ～はputとonの間でも，put onの後でもよいことに注意。ただし，～が代名詞の場合はputとonの間でしか使えない。(This is my mother's kimono. She put it on yesterday.) また，身に着けるものによって「(服)を着る，(ズボン，靴)を履《は》く，(手袋《ぶくろ》)をはめる，(帽子)をかぶる，(眼鏡)をかける」など，いろいろな日本語に相当する。代表的な意味として「～を身に着ける」と覚えておこう。
3 ×on kimonosとしないこと。put ～ on / put on ～「～を身に着ける」(動作)はonを使うが，be in ～「～を身に着けている[着用している]」(状態)はinを使う。
4 That's too bad.「残念です。気の毒です。」(同情などを表す表現)

❺ did, yesterdayなどがあれば過去の文。4 7 8はもう1つの文から，現在の文か過去の文か判断する。
1「あなたは年賀状を書きましたか。」 疑問

文で前にdidがあるので過去形でなく原形。

2 「私は英語を勉強しませんでしたが，数学を勉強しました。」 前半の意味からbutの後の文も過去形を使う。

3 「あなたはあの大きな鐘を鳴らすことができません。」 助動詞のcanとともに使う動詞は常に原形になる。

4 「私の兄[弟]は普通《ふつう》は土曜日に卓球《たっきゅう》をします。私はときどき彼《かれ》とプレーします。」

5 「私のおばあちゃんは，きのう病院へ行きました。」 yesterdayがあるので過去のことを表しているとわかる。

6 「私たちは休暇《きゅうか》の間は夕食を作りませんでした。」 前にdidn'tがあるので原形。

7 「私たちはバスケットボールをしました。それを本当に楽しみました。」

8 「彼らは彼のために誕生日パーティーを開きました。彼はすてきなプレゼントをもらいました。」

❻ 1 Did you ～?の疑問文には，Yes, I did. / No, I didn't.と答える。

2 wish「願い」，secret「秘密」

3 stay up「(寝《ね》ないで)起きている」

4 I hope ～.「～だといいな。～(であること)を願い[望み]ます。」 希望を表す表現。

5 「なんて～なんだ。」と強調したいときは，How ～!を使う。～は形容詞か副詞。(How interesting!「なんておもしろいんだ。」)「なんて～な…なんだ。」は〈What + a[an] + 形容詞 + 名詞!〉で表す。(What a big cat!「なんて大きな猫なんだ。」)どちらの場合も文末に！を付ける。

6 Sorry to hear that.「それはお気の毒です。」 会話の決まり文句。

7 have a fever「(高)熱がある」

8 miss「(人)がいないのを寂しく思う」

9 このhadはもともと「～を持った」という意味だが，「雪を持った」→「雪が降った」と考える。a lot of ～は「たくさんの～」で，数えられるものも，雪や水のような1つ，2つと数えられないものも修飾《しゅうしょく》する。(a lot of dogs, a lot of water)

❼ 1 still「まだ，なお，相変わらず」

2 late「夜遅い時間に」

3 soon「早く，すぐ」

4 this morning「今朝」

5 this year「今年」 this ～は，過去を表すことも現在や未来を表すこともある。

6 one morning「ある朝」 one ～は「ある～」を表す。one dayなら「ある日」。

7 yesterday「きのう(は)」

8 on ～「〔曜日・日付の前で〕～に」

9 during ～「〔特定の期間内〕のあるときに，～の間に」

❽ 1 isを過去形のwasにして，過去の文にする。

2 一般《いっぱん》動詞の過去の否定文は動詞の前にdidn'tを置く。didn'tの後の動詞は原形のtryになることに注意。

3 一般動詞の過去の疑問文は主語の前にdidを置く。動詞を原形のtakeにする。

❾ 1 Whatの後は普通の疑問文と同じ語順にすればよい。また，did you doのdoは「～をする」という意味の一般動詞。

2 be動詞の過去の疑問文は，主語の前にwas, wereを置く。

❿ 1 Don't ～.は「～してはいけない。」という意味で，禁止を表す。

2 「なんて～な…なんだ。」と感嘆を強調する文。

3 by the way「ところで」

4 by oneselfは「一人で，自力で」という意味。ここでは主語がyouなのでyourselfとなっている。主語が I の文ならmyselfとなる。

⓫ 1 解答例以外にYes, I had a cold in November.などでもよい。

2 I ateの後に食べたものを続ける。

3 I enjoyed it. / It was not fun.などでもよい。

⓬ 1 「テレビで～を見る」はwatch ～ on TVで，～の部分をwhatを使ってたずねる文を作る。TVにはaもtheも付けないことに注意する。

2 「とてもおいしい」はdeliciousで表す。

3 「食べました」は不規則動詞eatの過去形ateを使う。「おにぎり」はrice ballでここでは複数形のrice ballsを使う。

4 「家族」は「彼《かれ》の家族」なのでhis familyにする。

5 「～したい」= want to ～　wantは過去形wantedにするが，toの後の動詞は原形のまま。

pp.54-55　Step 3

❶ 1 イ　2 ア　3 ウ

❷ 1 was　2 go　3 studied　4 enjoy
5 buy

❸ 1 ア　2 ア

❹ 1 ate
2 ②ウ　⑤ア　⑥イ
3 **そばは長いので，長生き[長寿]のしるしだということ**
4 How
5 ⓐ○　ⓑ×　ⓒ○

❺ 1 Yes, I did. / No, I didn't[did not].
2 (例)I studied math.

考え方

❶ 1 「私はあなたの手紙を楽しみに待ちます。」look forward to ～「～を楽しみに待つ」

2 「ケンのお母さんは着物を着ていました。」be in ～「～を着ている」

3 「私の兄[弟]はまだ風邪《かぜ》をひいていました。」still「まだ，なお，相変わらず」

❷ 1 「私は沖縄で浜辺を見ました。それはきれいでした。」 最初の文の動詞が過去形なので，次の文の動詞も過去形にする。

2 「ゴロウは大みそかにとても早く就寝しましたか。」 Didがあるので動詞は原形。

3 「彼のお兄さん[弟さん]はきのう夕食後に勉強しました。」 yesterdayがあるので過去のこととわかる。

4 「私は冬休みを楽しみたいです。」 toの後なので動詞は原形を使う。

5 「あなたはそのお寺でお守りを買うことができます。」 助動詞canの後なので，動詞は原形。

❸ 1 「あなたたちはおみくじを試しましたか。」に対する答えなので，yesかnoで答えればよいが，□の後に「私たちはそれが気に入りました。」とあるので，おみくじを試してみたことがわかる。

2 A「私はきのうは寝《ね》ていました。まだ熱があります。」B「それはお気の毒です。早く元気になってください[お大事に]。」

❹ 1 流れから過去の文。eatを過去形にする。

2 ②次の発言で絵里が年越しそばについて説明しているので，「トシ…何？」と聞き返したと考えられる。
⑤by the way「ところで」
⑥That's too bad.「残念です。気の毒です。」 直後のPoor Kota.「かわいそうなコウタ。」もヒントになる。

3 thatは直前のティナの発言を指している。

4 名詞が後ろにないのでwhatではなく，howを使う。

5 ⓐ絵里とティナの最初の発言参照。
ⓑティナの2番目の発言参照。
ⓒハジンの最後の発言参照。

❺ 1 Yes, I did.　It was a soccer ball.などと詳《くわ》しい情報を続けてもよい。

2 疑問詞のある疑問文なのでyes / noは使えない。studyの過去形のつづりに注意。

Unit 8 ～ Daily Life 5

pp.57-59　Step 2

❶ 1 **すばらしい，すてきな，見事な**
2 **暖かい，温暖な**　3 **かわいらしい，魅力《みりょく》的な**
4 **用意ができた**　5 kitchen　6 right
7 choose　8 window　9 wear
10 inside　11 think　12 shirt　13 cup
14 glasses

❷ 1 ア　2 ア

❸ 1 eating　2 studying　3 taking
4 setting　5 swimming

❹ 1 イ　2 ウ　3 ア　4 イ

❺ 1 getting ready　2 at, o'clock　3 put up
4 see you　5 out of　6 How's / you

❻ 1 is playing　2 Is, sleeping　3 is running
4 is not　5 Where, reading
6 What, doing　7 looked

❼ 1 ウ　2 ア　3 イ　4 オ　5 エ

❽ 1 **その生徒たちは並んで[列になって]待っています。**
2 **あなた(たち)は同級生の誕生日パーティーのために何が必要ですか。**

❾ 1 Yes, she is.
2 He's[He is] reading a newspaper.
3 They're[They are] sleeping under the table.

❿ 1 My brother is drinking coffee over there.
2 Are you walking your dog now? / No, I'm[I am] not.
3 My uncle looks very sad.

考え方

❶ 2 warmのつづりに注意。
7 chooseはoが２つ続く。
9「～を身に着けている，着ている」という状態を表すときはwear，「(服など)を身に着ける」という動作を表すときはput ～ on / put on ～で表す。
12「シャツ」は単数形がshirt, 複数形がshirts。
13 cupのつづりに注意。
14 glass(単数形)だと「グラス，コップ」という意味。

❸ 現在進行形は〈be動詞(am, are, is)＋動詞の-ing形〉。
1 2 eat, studyの-ing形は，-ingを付けるだけ。
3 takeの-ing形は，eをとって-ingを付ける。
4 5 set, swimの-ing形は，最後の文字を重ねて-ingを付ける。

❹ 1〈look＋形容詞〉で「～に見える」という意味。seeやwatchはsee a building, watch TVのように目的語が必要。「あなたのお兄さん[弟さん]は元気(そう)に見えます。」
2 (　)の直前にisがあることから，現在進行形の文だとわかる。動詞は-ing形。「ケンは今，サッカーをしています。」
3 文中にcookingがあることから，現在進行形の文だとわかる。疑問文は〈be動詞＋主語＋動詞の-ing形 ～?〉の形。「あなたのお母さんは今，料理をしていますか。」
4 (　)の直後がtakingとなっていることと選択肢から，進行形の文だとわかる。主語がMiho and Rieで複数なので，be動詞areを選ぶ。「ミホとリエは今，ごみを出しています。」

❺ 1「準備をする」はget ready。I'm＝I amで始まるので，現在進行形の文。動詞は-ing形にする。getはtを重ねて-ingを付ける。
2 時刻を表して「～時(…分)に」と言うときはatを用いる。「～時」はo'clock。
3「(壁《かべ》に絵など)を取り付ける」はput up ～。
4「さよなら。それじゃあまたね。」はSee you later.
5「～の中から外へ」はout of ～。
6「調子はどう(ですか)。」＝How's everything?「あなたはどうですか。」と同じ内容をたずね返すときは，And you?とする。

❻ 1 be動詞は主語によって使い分けるので，ここではamをisにする。
2 現在進行形の疑問文は，〈be動詞＋主語＋動詞の-ing形 ～?〉の語順。
3 runsをis runningにする。

4 現在進行形の否定文は〈主語＋be動詞＋not＋動詞の-ing形 ～.〉の語順。

5「カナはどこで本を読んでいますか。」という疑問文にする。Whereの後に現在進行形の疑問文の語順を続ける。

6「アキは何をしていますか。」という疑問文にする。「～をする」はdo（動詞）を使う。

7〈look＋形容詞〉は「～に見える」。文末にyesterdayを加えるので，lookを過去形のlookedにする。

❼ 1 ウ「ほら，どうだ（驚《おどろ》いたでしょう）。」

2 ア「お誕生日おめでとう（ございます）。」

3 イ「あなたはどう思いますか。」

4 オ「私は全く知りませんでした。」

5 エ「そのとおりです。」

❽ 2 What do you need for ～?「あなたは～のために何が必要ですか。」

❾ 1「青木さん（Ms. Aoki）はアイスクリームを食べていますか。」 絵よりyesの答え。Ms. Aokiは答えの文ではsheにして，Yes, she is.とする。

2「青木さん（Mr. Aoki）は何をしていますか。」への応答。Mr. Aokiは答えの文ではheにして，「彼《かれ》は新聞を読んでいます。」とする。

3「猫はどこで眠《ねむ》っていますか。」への応答。the catsは答えの文ではtheyにして，「それらはテーブルの下で眠っています。」とする。「～の下で」はunderを使う。

❿ 1「コーヒーを飲む」＝drink coffee，「あそこで」＝over there

2「あなたの犬を散歩させる」はwalk your dog。walkには「歩く」と「（動物）を散歩させる，歩かせる」という意味があることを覚えておこう。

3「～に見える」は〈look＋形容詞〉。「悲しい」はsad。

pp.60-61 Step ❸

❶ 1 See, later 2 is dancing

3 getting ready 4 not writing

❷ 1 My father looked very tired(.)

2 Is your brother waiting at the station(?)

❸ 1 **イ** 2 **イ**

❹ 1 **ウ**

2 far

3 **そのケーキはとてもかわいらしいです。**

4 ⓐ○ ⓑ×

❺ 1 **（例）**My brother is playing a video game now.

2 **（例）**My dog looks happy.

考え方

❶ 1「それじゃあまたね。」はSee you later.という決まり文句で表す。

2「～しています」は〈be動詞＋動詞の-ing形〉で表す。dance「踊《おど》る」の-ing形は，eをとって-ingをつける。

3「準備をする」はget ready。前にareがあるので，現在進行形の文。動詞は-ing形にする。getはtを重ねて-ingを付ける。

4「～しているところではない」という現在進行形の否定文は，be動詞の後にnotを置く。

❷ 1「～に見える」は〈look＋形容詞〉。ここでは過去の文なので，lookedとなっている。

2 現在進行形の疑問文は主語の前にbe動詞を置く。

❸ 1 Are you ～?にはYes, I am.かNo, I'm[I am] not.で答える。Bは□の後で「私は新聞を読んでいます。」と言っているので，noの答え。A「あなたはテレビを見ているのですか。」B「いいえ，見ていません。私は新聞を読んでいます。」というやりとり。

2 Bが「私はクッキーを食べています。それらはとてもおいしいです。」と言っていることから，イ「あなたは何をしていますか。」が適切。

❹ 1 ニックが「彼女《かのじょ》はお父さんと買い物に行きました。」と答えているので，「ティナはどこにいますか。」とすると自然な流れになる。

2「今のところ順調だ。」はSo far, so good.と表す。会話でよく使われる表現なので，このまま覚えておこう。

3 prettyは「かわいらしい，魅力《みりょく》的な」の意味。itはその直前のリオスさんの発言の中のthe cakeを指している。

4 ⓐ 4行目参照。ニックはShe(= Tina) went shopping with Dad.と言っている。

ⓑ 7行目参照。リオスさん(Ms. Rios)は「私たちは今，ケーキを飾《かざ》っています。」と言っている。

❺ 1 現在進行形の文〈主語 + be動詞 + 動詞の-ing形 ～.〉で表す。

2 〈主語 + look + 形容詞.〉で表す。主語が3人称《にんしょう》単数のときはlooksとすることにも注意する。

Let's Read 2 ～ You Can Do It! 3

pp.62-63 Step 3

❶ 1 kept, promise 2 Welcome to
3 got away 4 may[can] do
5 Some, Other

❷ 1 with 2 for 3 on 4 to

❸ 1 heard 2 being

❹ 1 caught
2 ウ
3 Please don't eat me(.)
4 **いつかライオンを助けること。**
5 ⓐ○ ⓑ×

❺ 1 **(例)**I can sing songs well.
2 **(例)**I visited Hokkaido last year.

考え方

❶ 1 「約束を守る」はkeep one's promise。one'sの部分は主語に合わせて，heならばhisに，Iならばmyにする。「守りました」なので，keepは過去形keptにする。

2 「～へようこそ。」はWelcome to ～.で表す。welcomeは「ようこそ，いらっしゃい」という意味。

3 「逃げる」はget away。「逃げました」なので，getは過去形gotにする。

4 「～してよい」は〈may + 動詞の原形〉で表す。mayはcanと同じ助動詞なので，後にくる動詞は必ず原形になることに注意。mayを使った表現はおもに子供や目下の人に使う。

5 「何人かの」はsome，「別の，ほかの」はother。

❷ 1 「～を使って，～で」と，手段・道具を表すwithを使う。

2 「助けを求めて」はfor help。このforは目的・目標・用途《ようと》を表し，「～のために[の]」という意味。helpは動詞では「(人)を手伝う，助ける」という意味だが，ここでは「助け」という意味の名詞。

3 「～をかむ」はchew on ～。

4 「～の隣の」はnext to ～。

▶ 本文 pp.62-63

❸ **1** yesterday「きのう」があるので過去の文。hearは不規則動詞で，過去形はheard。「私はきのう，その叫《さけ》び声をジャングルで聞きました。」という意味の文。

2 likeは動詞の -ing形か〈to＋動詞の原形〉を目的語に取る。「1語」とあるので，beingとする。「私の姉[妹]は舞台《ぶたい》の上にいるのが好きです。」という意味の文。

❹ **1** 直前の文で動詞がclimbedと過去形になっているので，catchも過去形にする。catchは不規則動詞で，過去形はcaught。

2 〈look＋形容詞〉で「～に見える」。You look delicious.で「あなたはとてもおいしそうに見えます。」という意味。

3 〈Please don't＋動詞の原形 ....〉で「(どうか)～しないでください。」という意味になる。pleaseを使うとやや丁寧《ていねい》な表現になる。

4 3～4行目のネズミの発言参照。Maybe I can help you someday.「もしかしたら，私はいつかあなたを助けることができるかもしれません。」と言っているので，この部分を答える。

5 ⓐ 1行目の1文目参照。one dayは「ある日」，climb upは「登る，よじ登る」，backは「背中」の意味。

ⓑ 3行目の2文目参照。ネズミは「私たちはよい友達になることができます。」と言っている。つまり，まだ友達になっていないということ。

❺ **1** 「私は～することができます。」は〈I can＋動詞の原形....〉で表す。

2 「昨年」はlast year。「私は昨年～をしました。」は〈I+一般《いっぱん》動詞の過去形 ... last year.〉で表す。lastは「この前の，昨～，先～」という意味で，いろいろな語と結びついて過去を表す語句になる。last weekend「先週末」，last month「先月」，last Sunday「この前の日曜日」なども合わせて覚えておこう。

テスト前 ☑ やることチェック表

① まずはテストの目標をたてよう。頑張ったら達成できそうなちょっと上のレベルを目指そう。
② 次にやることを書こう（「ズバリ英語○ページ，数学○ページ」など）。
③ やり終えたら□に✓を入れよう。
最初に完ぺきな計画をたてる必要はなく，まずは数日分の計画をつくって，
その後追加・修正していっても良いね。

目標

	日付	やること 1	やること 2
2週間前	／	□	□
	／	□	□
	／	□	□
	／	□	□
	／	□	□
	／	□	□
	／	□	□
1週間前	／	□	□
	／	□	□
	／	□	□
	／	□	□
	／	□	□
	／	□	□
	／	□	□
テスト期間	／	□	□
	／	□	□
	／	□	□
	／	□	□
	／	□	□

QRコードのページに登録すると，「ぴたリンク」からも表をダウンロードできるよ

テスト前 ☑ やることチェック表

① まずはテストの目標をたてよう。頑張ったら達成できそうなちょっと上のレベルを目指そう。
② 次にやることを書こう（「ズバリ英語〇ページ，数学〇ページ」など）。
③ やり終えたら□に✓を入れよう。
最初に完ぺきな計画をたてる必要はなく，まずは数日分の計画をつくって，
その後追加・修正していっても良いね。

目標

	日付	やること 1	やること 2
2週間前	／	□	□
	／	□	□
	／	□	□
	／	□	□
	／	□	□
	／	□	□
	／	□	□
1週間前	／	□	□
	／	□	□
	／	□	□
	／	□	□
	／	□	□
	／	□	□
	／	□	□
テスト期間	／	□	□
	／	□	□
	／	□	□
	／	□	□
	／	□	□

QRコードのページに登録すると，「ぴたリンク」からも表をダウンロードできるよ

キリトリ線

ズバリよくでる 直前 チェックBOOK

- テストにズバリよくでる！
- 重要単語・重要文を掲載！

英語

光村図書版

1年

赤シートで何度でも！

Let's Be Friends! ～ Unit 1 Here We Go!

教pp.6～36

重要語チェック 英単語を覚えましょう。

[Let's Be Friends!]

□うれしい，幸せな	形happy
□疲れた	形tired
□空腹の，腹ぺこの	形hungry
□悲しい	形sad
□黄色(の)	名形yellow
□青(い)	名形blue
□赤(い)	名形red
□黒(い)	名形black
□白(い)	名形white
□オーストラリア	名Australia
□中国	名China
□インド	名India
□4(つの)	名形four
□8(つの)	名形eight
□9(つの)	名形nine
□11(の)	名形eleven
□12(の)	名形twelve
□13(の)	名形thirteen
□24(の)	名形twenty-four
□40(の)	名形forty
□80(の)	名形eighty
□100(の)	名形one hundred
□リンゴ	名apple
□猫	名cat
□犬	名dog
□卵	名egg
□魚	名fish
□(縁のある)帽子	名hat
□牛乳	名milk
□ノート	名notebook
□鉛筆	名pencil
□サッカー	名soccer
□バレーボール	名volleyball
□腕《うで》時計，懐中時計	名watch
□箱	名box
□動物園	名zoo

[Unit 1]

□ここに[で],こちらへ	副here
□秋	名fall
□祭り，催し	名festival
□夏	名summer
□場所	名place
□～(することが)できる	助can
□～を演奏する，～をする	動play
□トランペット	名trumpet
□春	名spring
□冬	名winter
□道に迷った	形lost
□学生，生徒	名student
□そこに，そこで	副there
□～に会う	動meet
□～をよぶ	動call
□日本	名Japan
□カナダ	名Canada
□見る	動look
□美しい，きれいな	形beautiful
□(～で)ない	副not

教 pp.6～36

□～について(の)	前	about
□～の中に[で]	前	in
□教室	名	classroom
□やあ，こんにちは	間	hello
□ニューヨーク	名	New York
□～と…，および	接	and
□泳ぐ，水泳する	動	swim
□ドラム，太鼓	名	drum
□canの否定形	助	cannot
□しかし，だが	接	but
□ピアノ	名	piano
□かっこいい，すごい	形	cool
□フルート，横笛	名	flute
□バスケットボール	名	basketball
□ダンスをする，踊《おど》る	動	dance
□上手に，うまく	副	well
□走る，駆ける	動	run
□速く	副	fast
□野球	名	baseball
□映画	名	movie
□本，書物	名	book
□音楽家	名	musician

重要文チェック 日本語を見て英文が言えるようになりましょう。

[Unit 1]

□私は絵里です。	I'm Eri.
□私はそこの生徒です。	I'm a student there.
□私は日本出身です。	I'm from Japan.
□私は春が好きです。	I like spring.
□私は春が好きではありません。	I don't like spring.
□私はドラムを演奏することができます。	I can play the drums.
□私はドラムを演奏することができません。	I can't play the drums.
□さあ，行こう[始めよう]。	Here we go!
□私は11歳です。	I'm 11 years old.
□ありがとう。	Thanks.
□私をケイと呼んでください。	Call me Kei.
□はじめまして。	Nice to meet you.
□私は東京出身です。	I'm from Tokyo.
□あなたはどうですか。	How about you?
□私は冬があまり好きではありません。	I don't like winter so much.

Unit 2 Club Activities

教 pp.38〜46

✓重要語チェック　英単語を覚えましょう。

□クラブ，同好会	名	club
□活動，運動	名	activity
□美術，芸術	名	art
□チーム，選手団	名	team
□ブラスバンド，吹奏楽《すいそうがく》部	名	brass band
□演劇	名	drama
□科学，理科	名	science
□卓球《たっきゅう》	名	table tennis
□新しい，新入りの	形	new
□はい，そうです	副	yes
□(やって)来る	動	come
□いいえ，いや	副	no
□スポーツマン，運動選手	名	athlete
□楽器	名	instrument
□少し，多少，やや	副	little
□普通《ふつう》は，いつもは	副	usually
□練習する	動	practice
□〔曜日・日付の前で〕～に	前	on
□月曜日	名	Monday
□水曜日	名	Wednesday
□金曜日	名	Friday
□いつも，常に	副	always
□ときどき，ときには	副	sometimes
□決して～ない	副	never
□火曜日	名	Tuesday
□木曜日	名	Thursday
□土曜日	名	Saturday
□日曜日	名	Sunday
□ランニング，走ること	名	running
□これ	代	this
□～を読む	動	read
□それを[に]，それは[が]	代	it
□ああ，まあ	間	oh
□～を言う	動	say
□繰《く》り返して言う	動	repeat
□～の次に，～の後に[で]	前	after
□～を書く	動	write
□～を作る	動	make
□～を食べる	動	eat
□スイカ	名	watermelon
□～を描く	動	draw
□牛，乳牛	名	cow
□～を飲む	動	drink
□コーヒー	名	coffee
□～に乗る	動	ride
□一輪車	名	unicycle
□図書室，図書館	名	library
□興味[関心]を持っている	形	interested
□屋外の，屋外用の	形	outdoor
□芸術家	名	artist
□陸上競技	名	track

Unit 2 Club Activities

教 pp.38〜46

重要文チェック 日本語を見て英文が言えるようになりましょう。

□あなたは新入生です。	You are a new student.
□あなたは新入生ですか。	Are you a new student?
—はい，そうです。/ いいえ，違《ちが》います。	— Yes, I am. / No, I'm not.
□あなたは楽器を演奏しますか。	Do you play an instrument?
—はい，します。/ いいえ，しません。	— Yes, I do. / No, I don't.
□あなたはそれを読むことができますか。	Can you read it?
—はい，できます。/ いいえ，できません。	— Yes, I can. / No, I can't.
□入りなさい。	Come in.
□ここが演劇部です。	Here's the drama club.
□私はピアノを少し演奏します。	I play the piano a little.
□私の後について言ってください。	Repeat after me.
□私は音楽に興味を持っています。	I'm interested in music.

Unit 3 Enjoy the Summer ～ You Can Do It! 1

教 pp.48～61

✓重要語チェック 英単語を覚えましょう。

[Unit 3]

□～を楽しむ	動 enjoy
□～に登る	動 climb
□山	名 mountain
□キャンプ(すること)	名 camping
□宿題	名 homework
□(人)を訪問する	動 visit
□祖父母，祖父，祖母	名 grandparent
□浜辺，ビーチ	名 beach
□～を試みる	動 try
□釣《つ》り	名 fishing
□～の間に	前 during
□休み，休暇《きゅうか》	名 vacation
□～と一緒に	前 with
□家族	名 family
□ただ～だけ	副 just
□退屈な	形 boring
□～もまた，さらに	副 also
□楽しみ，おもしろみ	名 fun
□公園	名 park
□動画，ビデオ	名 video
□(場所に)とどまる	動 stay
□家に[へ]	副 home
□祖父	名 grandfather
□ギター	名 guitar
□～を見て回る	動 surf
□インターネット	名 Internet
□(動物)を散歩させる	動 walk
□本当に，本当は	副 really
□鳥	名 bird
□～を使う	動 use
□コンピュータ	名 computer
□それら，あれら	代 those
□彼《かれ》[彼女《かのじょ》]らは[が]，それらは[が]	代 they
□～を得る，手に入れる	動 get
□重い	形 heavy
□博物館，美術館	名 museum
□スキー	名 skiing
□水泳，泳ぐこと	名 swimming
□〔疑問文で〕何か	代 anything
□花	名 flower

[World Tour 1]

□学校，校舎	名 school
□～がいる，～を飼う	動 have
□車，自動車	名 car
□バス	名 bus

[You Can Do It! 1]

□お気に入りの	形 favorite
□～を歌う	動 sing
□人々	名 people
□旅行する	動 travel
□日本(人)の，日本語の	形 Japanese
□動物	名 animal

Unit 3 Enjoy the Summer ～ You Can Do It! 1

教 pp.48～61

重要文チェック 日本語を見て英文が言えるようになりましょう。

[Unit 3]	
□あなたは夏休みの間に何をしますか。	What do you do during the summer vacation?
—私は普通《ふつう》は祖父母を訪ねます。	—I usually visit my grandparents.
□私はダンスをすることが好きです。	I like dancing.
□あなたはダンスをすることが好きですか。	Do you like dancing?
□私はあの青いのを手に入れたいです。	I want to get that blue one.
□あなたはそれをやってみたいですか。	Do you want to try it?
□私は毎年京都へ行きます。	I go to Kyoto every year.
□楽しそう。	Sounds fun.
□あなたは走ることが好きですか。	Do you like running?
—もちろん。	—Of course.
□私は写真を撮《と》りたいです。	I want to take a picture.
□私は今週末，東京へ行きたいです。	I want to go to Tokyo this weekend.
□ほかに何かありますか。	Anything else?
[World Tour 1]	
□あなたはどのようにして学校へ行きますか。	How do you go to school?
□あなたはペットを何匹飼っていますか。	How many pets do you have?
□私は徒歩で学校に行きます。	I go to school on foot.
[You Can Do It! 1]	
□私は音楽を聞きたいです。	I want to listen to music.
□私たちは世界中を旅行したいです。	We want to travel all over the world.
□私は歌うのが上手です。	I am good at singing.
□私は将来フランスに行きたいです。	I want to go to France in the future.

Unit 4 Our New Friend

教 pp.62～71

✓重要語チェック 英単語を覚えましょう。

□私たちの，我々の	代 our
□教師，先生	名 teacher
□英語〔言語・教科〕	名 English
□社会科〔教科〕	名 social studies
□厳《きび》しい，厳格な	形 strict
□彼《かれ》の	代 his
□授業	名 class
□人気のある	形 popular
□彼女《かのじょ》の	代 her
□おもしろい	形 interesting
□親切な	形 kind
□強い，たくましい	形 strong
□友好的な，人なつこい	形 friendly
□もしかしたら	副 maybe
□競技者，選手	名 player
□彼を［に］	代 him
□(人)にたずねる	動 ask
□歌手，歌う人	名 singer
□宇宙飛行士	名 astronaut
□(特定の)試合，勝負	名 game
□同級生	名 classmate
□隣人，近所の人	名 neighbor
□兄弟，兄，弟	名 brother
□姉妹《しまい》，姉，妹	名 sister
□勇敢《ゆうかん》な，勇ましい	形 brave
□恥《は》ずかしがりの	形 shy

✓重要文チェック 日本語を見て英文が言えるようになりましょう。

□こちらはブラウン先生です。	This is Ms. Brown.
彼女は英語の先生です。	She's an English teacher.
□あちらは星野先生です。	That's Mr. Hoshino.
彼は私たちの体育の先生です。	He's our P.E. teacher.
□あれは誰《だれ》ですか。	Who's that?
―彼は新入生です。	― He's a new student.
□彼はあなたの友達ですか。	Is he your friend?
―はい，そうです。/ いいえ，違《ちが》います。	― Yes, he is. / No, he isn't.
□彼は吹奏楽《すいそうがく》部に所属していません。	He's not in the brass band.
□待ちきれないな。	I can't wait.
□バスケットボールをしましょう。	Let's play basketball.

Unit 5 This Is Our School ~ Active Grammar 2

教 pp.72～83

✓重要語チェック 英単語を覚えましょう。

[Unit 5]

□プール	名	pool
□体育館，ジム	名	gym
□入口，玄関《げんかん》	名	entrance
□門	名	gate
□廊下	名	hallway
□トイレ，洗面所	名	restroom
□～の後ろに	前	behind
□～に近く，～の近くに	前	near
□カフェテリア	名	cafeteria
□(食べ物)を出す	動	serve
□共に，一緒に	副	together
□看護師	名	nurse
□仕事部屋	名	office
□部屋，～室	名	room
□(建物《たてもの》の個々の)階	名	floor
□〔複数形で〕階段	名	stair
□料理	名	cooking
□彼(女)ら[それら]を[に]	代	them
□考え，アイデア	名	idea
□お母さん，ママ	名	mom
□～の後について行く[来る]	動	follow
□電話機，電話	名	phone
□後で，後ほど	副	later
□時間	名	time
□～を掃除《そうじ》する	動	clean
□黒板	名	blackboard
□感心して，感動して	形	impressed
□朝，午前(中)	名	morning
□午後	名	afternoon
□～を勉強する	動	study
□家	名	house
□～よりも前に	前	before
□夕食	名	dinner
□開いた，公開の	形	open
□どうか，どうぞ	副	please
□(もの)を持ってくる	動	bring
□自分自身の	形	own
□主な，主要な	形	main

[Daily Life 2]

□誰の	代	whose
□～の(真)下に[の・を・へ]	前	under
□机	名	desk
□あなた(たち)のもの	代	yours
□私のもの	代	mine
□定規	名	ruler
□教科書，テキスト	名	textbook

[Active Grammar 2]

□私たちを[に]	代	us
□私たちのもの	代	ours
□彼女のもの	代	hers
□その，それの	代	its
□彼(女)ら[それら]の	代	their
□彼(女)ら[それら]のもの	代	theirs
□これら，これ	代	these

Unit 5 This Is Our School ～ Active Grammar 2

教 pp.72～83

✓重要文チェック 日本語を見て英文が言えるようになりましょう。

[Unit 5]

□カフェテリアはどこですか。	**Where's** the cafeteria?
一２階に。	一 **On** the second floor.
□あなたたちはどこで昼食を食べますか。	**Where** do you have lunch?
一教室で。	一 **In** the classroom.
□足元に気を付けなさい。	**Watch** **your** **step**.
□電話を使ってはいけません。	**Don't** use the phone.
□教室に行きましょう。	**Let's** go to the classroom.
□学校公開日はいつですか。	**When's** the school open day?
一10月29日の土曜日です。	一 **On** **Saturday**, October 29.
□演劇部はいつあるのですか。	**When** do you have drama club?
一掃除の時間の後に。	一 **After** clean-up time.
□プールは体育館と門の間にあります。	The pool is **between** the gym **and** the gate.
□私は学校の正面にいます。	I'm **in** **front** **of** the school.
□図書室はあそこにあります。	The library is **over** **there**.
□美術室は調理室の隣にあります。	The art room is **next** **to** the cooking room.
□靴を脱ぎなさい。	**Take** **off** your shoes.
□ペンを取り出しなさい。	**Take** **out** your pen.
□部屋履《ば》きを履きなさい。	**Put** **on** your slippers.
□私たちは毎日図書室を掃除します。	We clean the library **every** **day**.
□買い物に行きましょう。	Let's **go** **shopping**.
□私は夕食後に入浴します。	I **take** **a** **bath** after dinner.
□マキ，寝《ね》なさい。	Maki, **go** **to** **bed**.
□放課後，野球をしましょう。	Let's play baseball **after** **school**.

[Daily Life 2]

□あれは誰《だれ》の筆箱ですか。	**Whose** pencil case is that?

Unit 6 Cheer Up, Tina ～ You Can Do It! 2

教 pp.84～101

重要語チェック 英単語を覚えましょう。

[Unit 6]

□祖母 名 grandmother
□親 名 parent
□母親 名 mother
□おば 名 aunt
□おじ 名 uncle
□いとこ 名 cousin
□非常に，とても 副 very
□活発な，元気な 形 active
□熱心に，懸命《けんめい》に 副 hard
□haveの3人称《にんしょう》単数現在形 動 has
□静かな，無口な 形 quiet
□(ある言語)を話す 動 speak
□〔ある期間の中で〕早く 副 early
□料理をする 動 cook
□新聞 名 newspaper
□ほとんど，ほぼ 副 almost
□～のために[の] 前 for
□ボール 名 ball
□すまなく思って 形 sorry
□住む，住んでいる 動 live
□働く，勤めている 動 work
□駅 名 station
□レストラン 名 restaurant
□病院 名 hospital
□眠《ねむ》る，睡眠をとる 動 sleep
□〔否定文で〕～もまた…ない 副 either
□はい，もちろん 副 sure
□心配する，気にする 動 worry
□～を必要とする 動 need
□いくらかの，何人かの 形 some
□休息，休憩 名 rest
□テレビゲーム 名 video game
□(食卓)の準備をする 動 set
□食卓，テーブル 名 table
□ごみ，生ごみ 名 garbage
□～を洗う 動 wash
□皿，食器類 名 dish
□中学校 名 junior high school
□同じ 形 same
□与《あた》える，あげる 動 give
□容易に 副 easily

[Daily Life 3]

□朝食 名 breakfast
□本日のおすすめ 名 special
□サラダ 名 salad
□お茶，紅茶 名 tea
□ジュース 名 juice
□瓶《びん》[ボトル]入りの 形 bottled
□水 名 water
□または，あるいは 接 or
□ドル〔通貨の単位〕 名 dollar

[Let's Read 1]

□飛ぶ 動 fly
□(時間の)分 名 minute

[You Can Do It! 2]

□有名な 形 famous

教 pp.84～101

重要文チェック 日本語を見て英文が言えるようになりましょう。

[Unit 6]

□彼女《かのじょ》は歌うことと踊《おど》ることが好きです。	She likes singing and dancing.
□彼女は風邪《かぜ》をひいていますか。 ―はい，ひいています。/ いいえ，ひいていません。	Does she have a cold? ― Yes, she does. / No, she doesn't.
□彼女は学校へ行っていません。	She doesn't go to school.
□元気を出して，ケン。	Cheer up, Ken.
□私はたくさんの箱が必要です。	I need a lot of boxes.
□最近，彼《かれ》は元気です。	These days he is fine.
□私は普通《ふつう》は6時に起きます。	I usually get up at six.
□マリはベッドで寝《ね》ていますか。	Is Mari in bed?
□私は風邪をひいています。	I have a cold.
□心配しないでください。	Don't worry.
□私は少し疲れています。	I'm a little bit tired.
□私たちは大阪出身です。	We come[are] from Osaka.
□諦《あきら》めてはいけません。	Don't give up.
□私はこの花がとても好きです。	I like this flower very much.

[Daily Life 3]

□モーニングセットをもらってもいいですか。	Can I have the breakfast special?
□ベーコンとソーセージのどちらがよろしいですか。 ―ベーコンが欲《ほ》しいのですが。	Which would you like, bacon or sausage? ― I'd like bacon.
□それは合計でいくらですか。	How much is that in total?

[World Tour 2]

□何時ですか。	What time is it?

[Let's Read 1]

□この本を見なさい。	Look at this book.
□この写真の向きをぐるりと変えなさい。	Turn this picture around.

Unit 7 New Year Holidays in Japan ～ Daily Life 4

教 pp.104～117

重要語チェック 英単語を覚えましょう。

[Unit 7]

□休み，休暇《きゅうか》 名 holiday
□eatの過去形 動 ate
□makeの過去形 動 made
□seeの過去形 動 saw
□日の出 名 sunrise
□goの過去形 動 went
□寺，寺院 名 temple
□～を買う 動 buy
□buyの過去形 動 bought
□～を鳴らす 動 ring
□ringの過去形 動 rang
□(パン・ケーキなど)を焼く 動 bake
□セーター 名 sweater
□writeの過去形 動 wrote
□グリーティングカード 名 card
□くつろぐ，リラックスする 動 relax
□haveの過去形 動 had
□パーティー 名 party
□getの過去形 動 got
□贈《おく》り物 名 present
□〔疑問文・否定文で〕いくつかの 形 any
□伝統的な 形 traditional
□習慣，風習 名 custom
□長い 形 long
□しるし，前兆 名 sign
□命，一生，寿命 名 life
□(人)に話す，～を伝える 動 tell
□tellの過去形 動 told
□～を知っている，知る 動 know
□夜遅い時間に 副 late
□番組／～を見せる 名動 show
□米 名 rice
□まだ，なお，相変わらず 副 still
□運のよい，幸運な 形 lucky
□(人)がいないのを寂しく思う 動 miss
□早く，すぐ 副 soon
□建物《たてもの》，建造物 名 building
□とてもおいしい 形 delicious
□胸をわくわくさせる 形 exciting
□きのう(は) 副 yesterday
□クッキー，ビスケット 名 cookie
□雪 名 snow
□takeの過去形 動 took
□授業 名 lesson

[Daily Life 4]

□びっくりさせること[もの] 名 surprise
□写真 名 photo
□メッセージ 名 message
□それぞれの 形 each
□数字 名 number
□年齢《ねんれい》 名 age
□手紙 名 letter
□全てのこと[もの] 代 everything
□あなた自身 代 yourself
□援助，助け 名 help

Unit 7 New Year Holidays in Japan ～ Daily Life 4

教 pp.104～117

重要文チェック 日本語を見て英文が言えるようになりましょう。

[Unit 7]	
□私は大みそかに寺へ行きました。	I went to a temple on New Year's Eve.
□私は家族と一緒にテレビを見ました。	I watched TV with my family.
□あなたは伝統的な食べ物を食べましたか。	Did you eat any traditional food?
—はい，食べました。/ いいえ，食べませんでした。	— Yes, I did. / No, I didn't.
□私は伝統的な食べ物を食べませんでした。	I didn't eat any traditional food.
□(それは)楽しかったです。	It was fun.
□伝統的な建物《たてもの》は美しかったです。	The traditional buildings were beautiful.
□新年おめでとう(ございます)。	Happy New Year.
□(私はそれを)知りませんでした。	I didn't know that.
□ところで，あれは何ですか。	By the way, what is that?
□残念です[気の毒です]。	That's too bad.
□かわいそうなサム。	Poor Sam.
□なんて美しいのでしょう。	How beautiful!
□遅くまで起きていてはいけません。	Don't stay up late.
□なんて大きな家なんでしょう。	What a big house!
□私は熱があります。	I have a fever.
□それはお気の毒です，ケント。	Sorry to hear that, Kent.
□ついているね。	Lucky you.
□早くよくなってください，マミ。	Get well soon, Mami.
□トムが元気なことを願います。	I hope Tom is fine.
□私は祭りを楽しみに待ちます。	I look forward to the festival.
[Daily Life 4]	
□それを一人でやりなさい。	Do it by yourself.

Unit 8 Getting Ready for the Party ~ Daily Life 5

教 pp.118～129

✓重要語チェック 英単語を覚えましょう。

[Unit 8]

□～を選ぶ	動 choose
□アルバム	名 album
□台所，キッチン	名 kitchen
□今(では)，現在(では)	副 now
□～時	副 o'clock
□窓	名 window
□～を身に着けている	動 wear
□かわいらしい，魅力《みりょく》的な	形 pretty
□内側に，内部に	副 inside
□～と思う	動 think
□すばらしい，すてきな	形 wonderful
□シャツ	名 shirt
□カップ，茶わん	名 cup
□眼鏡	名 glasses

[Daily Life 5]

□暖かい，温暖な	形 warm
□キャンディー	名 candy

✓重要文チェック 日本語を見て英文が言えるようになりましょう。

[Unit 8]

□私は今，ケーキを焼いています。	I'm baking a cake now.
□あなたはケーキを焼いていますか。 ―はい，焼いています。/ いいえ，焼いていません。	Are you baking a cake? ― Yes, I am. / No, I'm not.
□あなたたちは何をしていますか。 ―私たちは今，ケーキを飾《かざ》っています。	What are you doing? ― We are decorating the cake now.
□それはすてきに見えます。	It looks wonderful.
□コウタはおかしく見えます。	Kota looks funny.
□授業の準備をしましょう。	Let's get ready for the lesson.
□並んで待ちましょう。	Let's wait in line.
□それじゃあまたね。	See you later.
□窓から外を見なさい。	Look out of the window.
□そのとおりです。	That's right.
□私は全く知りませんでした。	I had no idea.
□あなたはどう思いますか。	What do you think?

Let's Read 2 The Lion and the Mouse ～ You Can Do It! 3

教 pp.130～133

✓重要語チェック 英単語を覚えましょう。

[Let's Read 2]

□	ライオン	名 lion
□	ネズミ	名 mouse
□	背中	名 back
□	～を捕《つか》まえる	動 catch
□	catchの過去形	動 caught
□	いつか，そのうち	副 someday
□	ジャングル	名 jungle
□	～してよい	助 may
□	猟師，狩りをする人	名 hunter
□	網，ネット	名 net
□	hearの過去形	動 heard
□	叫《さけ》び声，大声	名 cry
□	～を守る	動 keep
□	keepの過去形	動 kept
□	小さい	形 small
□	真実の，本当の	形 true

[You Can Do It! 3]

□	中間の，中頃《ごろ》の	形 middle
□	校外見学，遠足	名 field trip
□	違《ちが》った，異なった	形 different
□	別の，ほかの	形 other
□	修学旅行	名 school trip
□	行事，催し物，イベント	名 event
□	説明会	名 fair
□	話題，トピック	名 topic
□	ポスター	名 poster
□	小学校	名 elementary school
□	才能ある人々	名 talent
□	舞台《ぶたい》，ステージ	名 stage
□	歌	名 song
□	～を演じる，～を上演する	動 perform

✓重要文チェック 日本語を見て英文が言えるようになりましょう。

[Let's Read 2]

□ある日，私はエミに会いました。	One day, I saw Emi.
□その猫は彼《かれ》の背中によじ登りました。	The cat climbed up on his back.
□猫は網をかみましたか。	Did the cat chew on the net?
□ネズミは逃げましたか。	Did the mouse get away?
□彼は約束を守りませんでした。	He didn't keep his promise.

[You Can Do It! 3]

□私の家へようこそ。	Welcome to my house.
□彼は昨年東京へ行きました。	He visited Tokyo last year.

ズバリよくでる 直前 チェックBOOK

漢字の読み書き・
文法重要事項に完全対応!

国語

三省堂版

1年

竜　教 p.20~27

竜神様を祭る。（りゅうじん）
馬で駆ける。（か）
林の中の沼。（ぬま）
手を突き出す。（つ）
入れ換える。（か）
海に潜る。（もぐ）
森に隠れる。（かく）
釣りをする。（つ）
湿り気がある。（しめ）
委員長に推す。（お）
一匹の魚。（いっぴき）
腰をのばす。（こし）
順番を抜かす。（ぬ）
水底《みなそこ》に沈む。（しず）
かすかな微笑。（びしょう）
船を浮かべる。（う）

漢字を身につけよう①　教 p.38

自己紹介（しょうかい）
冒頭の文章。（ぼうとう）
絵画を飾る。（かざ）
要旨をまとめる。（ようし）
意味を捉える。（とら）
人を募集する。（ぼしゅう）
掲示板を見る。（けいじ）
申し込み書（こ）
楷書で書く。（かいしょ）
姓名の記入。（せいめい）
優秀な成績。（ゆうしゅう）
権利を獲得する。（かくとく）
不振におちいる。（ふしん）
乗り越える。（こ）
汚名返上（おめい）
新鮮な果物。（しんせん）
食器を殺菌する。（さっきん）
扱いに注意。（あつか）

テストでまちがえやすい漢字

豊富な語彙。（ごい）
会議に臨む。（のぞ）
技をみがく。（わざ）
競い合う。（きそ）
英語の母音。（ぼいん）
証言に基づく。（もと）
解答を確認する。（かくにん）
表現を工夫する。（くふう）
ご飯を蒸らす。（む）
あひるの羽毛。（うもう）

ペンギンの防寒着　教 p.40~42

彼らを加える。（かれ）
色が違う。（ちが）
夢を抱く。（いだ）
脂肪のかたまり。（しぼう）
多数を占める。（し）
ペンキを塗る。（ぬ）
金魚の餌。（えさ）

三振を奪う。（うば）

クジラの飲み水　教 p.44〜48

氷の塊。（かたまり）
哺乳類の生態。（ほにゅう）
砂漠を歩く。（さばく）
環境を守る。（かんきょう）
汗をかく。（あせ）
喉《のど》が渇く。（かわ）
子供を含む。（ふく）
空気が乾燥する。（かんそう）
周りに頼る。（たよ）
一緒に歌う。（いっしょ）
米を蓄える。（たくわ）
比較的難しい。（ひかく）
汗腺の機能。（かんせん）
尿を調べる。（にょう）

漢字のしくみ1　教 p.52〜53

甲《こう》乙つけがたい。（おつ）
亜熱帯植物（あねったい）
迷惑《めいわく》な行為。（こうい）
恥をかく。（はじ）
必需品を買う。（ひつじゅ）
合格を祈願する。（きがん）
邦楽の演奏。（ほうがく）
盆《ぼん》踊り大会（おど）
飽和食塩水（ほうわ）
犬猿の仲だ。（けんえん）
山岳救助隊（さんがく）
お城の姫様。（ひめ）
今週は多忙だ。（たぼう）
唾液が出る。（だえき）
倫理を学ぶ。（りんり）
抵当に入れる。（ていとう）
渦を巻く。（うず）
謀反《むほん》を邪推する。（じゃすい）

漢字を身につけよう②　教 p.62

卑近な話題。（ひきん）
煩雑な仕事。（はんざつ）
書類を訂正する。（ていせい）
誤りを陳謝する。（ちんしゃ）
虎がすむ森。（とら）
油絵を描く。（えが）
柿を食べる。（かき）
鈴なりの見物人。（すず）
蜜蜂を飼う。（みつばち）
花の雌しべ。（め）
黄色い菊。（きく）
日頃の行い。（ひごろ）
追随を許さない。（ついずい）
敵を一掃する。（いっそう）
二塁に進む。（にるい）
七色の虹。（にじ）
橋が架かる。（か）
天を仰ぐ。（あお）

北斗七星（ほくと）

外出の支度。（したく）

味を調える。（ととの）

街道を行く。（かいどう）

海の幸を贈《おく》る。（さち）

火事で焼失する。（しょうしつ）

優れた頭脳。（すぐ）

速やかに移る。（すみ）

スポーツ万能（ばんのう）

声色をまねる。（こわいろ）

空中ブランコ乗りのキキ　教 p.64〜72

拍手がおこる。（はくしゅ）

飛び跳ねる。（は）

誰かの横顔。（だれ）

一生懸命働く。（けんめい）

網ですくう。（あみ）

寂しい気持ち。（さび）

部屋の片隅。（かたすみ）

いすに座る。（すわ）

ラッパを吹く。（ふ）

じっと黙る。（だま）

池の水が澄む。（す）

ガラスの小瓶。（こびん）

盛大な式典。（せいだい）

一斉に走る。（いっせい）

陰で見守る。（かげ）

朝日が昇る。（のぼ）

風に揺れる。（ゆ）

決定的瞬間（しゅんかん）

天井が高い。（てんじょう）

奥が深い。（おく）

滑らかにすべる。（なめ）

手を伸ばす。（の）

緩やかな坂道。（ゆる）

心が弾む。（はず）

余裕がある。（よゆう）

涙を流す。（なみだ）

テストでまちがえやすい漢字

肩を組む。（かた）

迷子を捜す。（さが）

無駄を省く。（むだ）

字のない葉書　教 p.78〜81

○○殿（どの）

言葉を添える。（そ）

威厳を保つ。（いげん）

十三歳になる。（さい）

学童疎開（そかい）

敵が全滅する。（ぜんめつ）

肌着を洗う。（はだぎ）

赤鉛筆で書く。（えんぴつ）

茎が伸びる。（くき）

三畳の部屋。（さんじょう）

早く寝る。（ね）

米を収穫する。（しゅうかく）

漢字のしくみ2　教 p.85～87

兄を慕う。（した）
偉大な人物。（いだい）
破綻をきたす。（はたん）
魚が焦げる。（こ）
盆地にある町。（ぼんち）
免《めん》疫を得る。（えき）
客を迎える。（むか）
目的を遂げる。（と）
予算を超える。（こ）
峠を越える。（とうげ）
香水《こうすい》が匂う。（にお）
発泡スチロール（はっぽう）
清音と濁音。（だくおん）
漆黒の暗闇《くらやみ》。（しっこく）
政権の安泰。（あんたい）
肝要な事柄《ことがら》。（かんよう）
腎臓の機能。（じんぞう）
大胆な案。（だいたん）

脇目もふらない。（わきめ）
昆虫採集（こんちゅう）
紳士が現れる。（しんし）
よい雰囲気。（ふんいき）
襟を正す。（えり）
詠嘆《たん》の声。（えい）
江戸の町。（えど）
亀が泳ぐ。（かめ）

漢字を身につけよう③　教 p.94

比喩表現（ひゆ）
歴史の叙述。（じょじゅつ）
根拠を示す。（こんきょ）
発想が乏しい。（とぼ）
ゲリラ豪雨（ごうう）
注意を喚起する。（かんき）
虚偽の疑い。（きょぎ）
催促の手紙。（さいそく）
封筒《とう》を開ける。（ふう）

宛名の確認。（あてな）
シールを貼る。（は）
互いの立場。（たが）
健闘を祈る。（けんとう）
柔道の有段者。（じゅうどう）
地方への遠征。（えんせい）
親睦をはかる。（しんぼく）
硬水を飲む。（こうすい）
謎を解く。（なぞ）
聞きしに勝る。（まさ）
納得させる。（なっとく）
休みが欲しい。（ほ）
夏至の日。（げし）
所得を申告する。（しんこく）
対のグラス。（つい）
破片を集める。（はへん）
素足で踏《ふ》む。（すあし）
亀の産卵。（さんらん）

玄関扉　教 p.96～100

玄関に立つ。（げんかん）
扉を開ける。（とびら）
欧米の文化。（おうべい）
押しのける。（お）
客の履き物。（は）
コートを脱ぐ。（ぬ）
一般的な意味。（いっぱん）
下水の排出。（はいしゅつ）
混雑を避ける。（さ）
床に座る。（ゆか）
暑さを嫌う。（きら）
現役の俳優。（げんえき）
ズバッ 執念深い（しゅうねん）
解釈の違い。（かいしゃく）
不法侵入（しんにゅう）
戸棚にしまう。（とだな）
頑固な職人。（がんこ）
ズバッ 要求を拒む。（こば）

壁に耳あり。（かべ）
悪を締め出す。（し）
軽やかな足音。（かろ）
ズバッ 特徴のある声。（とくちょう）
近隣の住民。（きんりん）
音と美の融合。（ゆうごう）
距離を測る。（きょり）
握手を求める。（あくしゅ）
慌てて逃《に》げる。（あわ）
普通の速度。（ふつう）
偉人の軌跡。（きせき）
ズバッ 挨拶を交《か》わす。（あいさつ）

漢字を身につけよう④　教 p.112

ズバッ 四人の連携。（れんけい）
盛大な応援。（おうえん）
一点差の惜敗。（せきはい）
甘い味付け。（あま）
お菓子を焼く。（かし）

ズバッ テストでまちがえやすい漢字

純粋な心。（じゅんすい）
ズバッ 均衡が崩《くず》れる。（きんこう）
拝啓と敬具。（はいけい）
漫画を読む。（まんが）
充実した一日。（じゅうじつ）
哲学の研究。（てつがく）
掘り下げる。（ほ）
書籍の陳列《ちんれつ》。（しょせき）
不安や恐怖。（きょうふ）
特殊な資格。（とくしゅ）
措置を講じる。（そち）
ズバッ 顕微鏡の操作。（けんびきょう）
驚きの表情。（おどろ）
細胞分裂《ぶんれつ》（さいぼう）
弟が号泣する。（ごうきゅう）
お経を読む。（きょう）
丁重に断る。（ていちょう）
子守を頼む。（こもり）
字のつく住所。（あざ）

寺院の境内。（けいだい）

今昔の感。（こんじゃく）

朗らかに笑う。（ほが）

竹取物語 教p.116～124

家業を継ぐ。（つ）

紙で筒を作る。（つつ）

不幸を嘆く。（なげ）

使者を遣わす。（つか）

髪をとかす。（かみ）

錠をかける。（じょう）

危険を伴う。（ともな）

希望を託す。（たく）

王に献上する。（けんじょう）

道を尋ねる。（たず）

不満を吐き出す。（は）

煙を感知する。（けむり）

故事成語――矛盾 教p.132～134

矛盾した点。（むじゅん）

わが子の自慢。（じまん）

堅い守備。（かた）

更なる発展。（さら）

鋭い質問が飛ぶ。（するど）

漢字のしくみ3 教p.138～139

新入生歓迎会（かんげい）

模擬試験（もぎ）

雪の結晶。（けっしょう）

左右対称の庭。（たいしょう）

是非を問う。（ぜひ）

即席ラーメン（そくせき）

焼き芋の季節。（いも）

垣根を作る。（かきね）

裾野が広がる。（すその）

杉板の床。（すぎいた）

自宅の坪数。（つぼすう）

覆水盆に返らず。（ふくすい）

間違いの指摘。（してき）

水滴が落ちる。（すいてき）

漢字を身につけよう⑤ 教p.140

鉄分の摂取。（せっしゅ）

肯定的な意見。（こうてい）

選択肢が多い。（せんたくし）

掛け軸を飾る。（か・じく）

甘い桃。（もも）

樹木の伐採。（ばっさい）

変貌を遂げる。（へんぼう）

唐突な話。（とうとつ）

福祉の制度。（ふくし）

勝利への貢献。（こうけん）

排水溝の掃除。（はいすいこう）

将棋を指す。（しょうぎ）

委嘱を受ける。（いしょく）

物語の序盤。（じょばん）

名誉を守る。（めいよ）

緊迫した攻防。（きんぱく）

窒息を防ぐ。（ちっそく）

花を出荷する。（しゅっか）

阪神間の地図。（はんしん）

強引な性格。（ごういん）

学問を究める。（きわ）

事を公にする。（おおやけ）

不動産賃貸（ちんたい）

注目に値する。（あたい）

紙に図示する。（ずし）

時間が要る。（い）

「みんなでいるから大丈夫」の怖さ 教 p.146〜149

もう大丈夫。（だいじょうぶ）

走って逃げる。（に）

自己分析する。（ぶんせき）

某大学の教授。（ぼう）

朝食兼昼食。（けん）

周囲を見渡す。（みわた）

電車が遅れる。（おく）

傾向と対策。（けいこう）

漢字を身につけよう⑥ 教 p.156

抵抗力が増す。（ていこう）

睡眠《みん》を取る。（すい）

海藻の種類。（かいそう）

衣類の繊維。（せんい）

暖房をつける。（だんぼう）

旅行の推奨。（すいしょう）

探偵事務所（たんてい）

詩人の年譜。（ねんぷ）

太鼓をたたく。（たいこ）

踊りの稽古。（けいこ）

肘を曲げる。（ひじ）

通信販売（はんばい）

幅を広げる。（はば）

交渉の余地。（こうしょう）

逐一知らせる。（ちくいち）

新しい項目。（こうもく）

箇条書き（かじょう）

秩序を守る。（ちつじょ）

完全制覇する。（せいは）

机上の空論。（きじょう）

健やかな成長。（すこ）

試し書きする。（ため）

行動を省みる。（かえり）

早急な対応。（さっきゅう）

改善を図る。（はか）

若干異なる。（じゃっかん）

複雑な迷路。（めいろ）

類似品に注意。（るいじ）

トロッコ 教 p.168〜177

荷物の運搬。（うんぱん）

夕日を眺める。（なが）

六月の初旬。（しょじゅん）
顔に泥を塗る。（どろ）
薄明るい空。（うすあか）
端から数える。（はし）
坂の勾配。（こうばい）
押し戻す。（もど）
薄暮の頃。（はくぼ）
心が躍る。（おど）
有頂天な気分。（うちょうてん）
表面を触る。（さわ）
麦わら帽（ぼう）
豊かな色彩。（しきさい）
子供を叱る。（しか）
しおりを挟む。（はさ）
幾つかの町。（いく）
乳飲み子（ちの）
悠々と泳ぐ。（ゆうゆう）
冷淡な態度。（れいたん）
取り繕う。（つくろ）

傾斜をつける。（けいしゃ）
桜が咲く。（さ）
ボールを蹴る。（け）
気を紛らせる。（まぎ）
無我夢中（むがむちゅう）
門口で待つ。（かどぐち）
歩き疲れる。（つか）

漢字を身につけよう⑦ 教 p.182

切符を買う。（きっぷ）
慈善活動（じぜん）
寄附を募る。（きふ）
窮屈な姿勢。（きゅうくつ）
身柄《みがら》の拘束。（こうそく）
俗語を用いる。（ぞくご）
粘着力が弱い。（ねんちゃく）
道を塞ぐ。（ふさ）
飢えをしのぐ。（う）
肝に銘じる。（めい）

体力の消耗。（しょうもう）
燃え尽きる。（つ）
帽子の縁。（ふち）
波紋を呼ぶ。（はもん）
樹齢百年の木。（じゅれい）
圧倒する迫力。（あっとう）
諾否を決める。（だくひ）
連絡を受ける。（れんらく）
綱を引く。（つな）
黄金虫が飛ぶ。（こがね）
美しい花園。（はなぞの）
包丁を研ぐ。（と）
熟れた果実。（う）
鋼でつくる。（はがね）
長年の商売敵。（がたき）
民の声を聞く。（たみ）
無精な性格。（ぶしょう）
長兄と会う。（ちょうけい）

意味と意図――コミュニケーションを考える　教 p.184〜189

席を離れる。（はな）

頻繁に通う。（ひんぱん）

仕事の依頼。（いらい）

漢字を身につけよう⑧　教 p.200

元旦を祝う。（がんたん）

蚊が飛び回る。（か）

くぎを刺す。（さ）

曇りのち晴れ。（くも）

傘をたたむ。（かさ）

完璧な計画。（かんぺき）

脅威を感じる。（きょうい）

瑠璃色の空。（るり）

突如現れる。（とつじょ）

蛇が脱皮する。（へび）

堀端沿いの道。（ほりばた）

柳の木の下。（やなぎ）

新勢力の勃興。（ぼっこう）

怒りに燃える。（いか）

憎しみを抱く。（にく）

老朽化が進む。（ろうきゅう）

反応が鈍い。（にぶ）

法を遵守する。（じゅんしゅ）

犯罪の撲滅。（ぼくめつ）

書き初めをする。（ぞ）

革製のベルト。（かわせい）

神主の祝詞《のりと》。（かんぬし）

多岐にわたる。（たき）

意識に上る。（のぼ）

顔を背ける。（そむ）

面目を保つ。（めんぼく）

筆舌に尽くしがたい。（ひつぜつ）

手綱を握る。（たづな）

少年の日の思い出　教 p.202〜212

書斎にこもる。（しょさい）

テストでまちがえやすい漢字

不透明な水。（とうめい）

門を閉ざす。（と）

濃いお茶。（こ）

不愉快な話。（ゆかい）

記事を載せる。（の）

甲高い声。（かんだか）

長い休暇。（きゅうか）

忍び寄る足音。（しの）

荒野が広がる。（こうや）

涼しい風。（すず）

斑点の模様。（はんてん）

幼稚な考え。（ようち）

貧弱な語彙力。（ひんじゃく）

本が傷む。（いた）

壊れやすい。（こわ）

鑑定の結果。（かんてい）

熱烈な歓迎。（ねつれつ）

攻撃をかわす。（こうげき）

途中下車する。（とちゅう）

優雅なしぐさ。（ゆうが）

誘《ゆう》惑を退ける。（わく）

盗み食いする。（ぬす）

罪を犯す。（おか）

下劣な行為。（げれつ）

敗北を悟る。（さと）

一切関係ない。（いっさい）

既に出発した。（すで）

借りてきた猫。（ねこ）

丹念に洗う。（たんねん）

詳しい情報。（くわ）

喉笛を鳴らす。（のどぶえ）

償いをする。（つぐな）

漢字を身につけよう⑨ 教 p.217

賓客を招く。（ひんきゃく）

僕の名前。（ぼく）

俺たちの戦い。（おれ）

利益の漸減。（ぜんげん）

米寿を迎える。（べいじゅ）

韻文の朗読。（いんぶん）

六歌仙の一人。（かせん）

庶民の味。（しょみん）

富を享受する。（きょうじゅ）

歌舞伎の演目。（かぶき）

襲名披露《ひろう》（しゅうめい）

長唄の歌詞。（ながうた）

謡曲の稽古。（ようきょく）

美しい錦絵。（にしきえ）

心を魅了する。（みりょう）

桑の畑を耕す。（くわ）

蚕の繭。（まゆ）

丁寧に教える。（ていねい）

大役を承る。（うけたまわ）

学校一の才媛。（さいえん）

風味を損なう。（そこ）

墓穴を掘る。（ぼけつ）

事態の収拾。（しゅうしゅう）

恋《こい》文を送る。（ぶみ）

機織りを習う。（はたお）

生地と糸。（きじ）

布を裁つ。（た）

▼接続する語句・指示する語句

教 p.106〜107

接続する語句

順接	逆説	並立《へいりつ》・累加《るいか》	説明・補足	対比・選択《せんたく》	転換
前の事柄《ことがら》があと事柄の原因や理由になる。	前の事柄とあとの事柄とが逆になる。	前の事柄に並べたりつけ加えたりする。	前の事柄をまとめたり補ったりする。	前の事柄と比べたり、比べて選んだりする。	前の事柄と話題を変えて続ける。
だから　したがって　すると　など	しかし　だが　ところが　けれども　など	そして　それから　また　しかも　など	つまり　すなわち　ただし　例えば　など	または　一方　あるいは　それとも　など	さて　では　ところで　など

指示する語句

	事物	場所	方向	状態	指定
近称《きんしょう》	これ	ここ	こちら　こっち	こんな　こう	この
中称《ちゅうしょう》	それ	そこ	そちら　そっち	そんな　そう	その
遠称《えんしょう》	あれ	あそこ	あちら　あっち	あんな　ああ	あの
不定称《ふていしょう》	どれ	どこ	どちら　どっち	どんな　どう	どの

※指示する語句は、こそあど言葉ともいわれる。

▼矛盾

教 p.132～133

楚《そ》人《ひとニ》有《リ》下鬻《ひさグ》二盾《たてト》与《とヲ》レ矛《ほこ》者上。

楚人に盾と矛とをひさぐ者あり。

誉《ほメテ》レ之《これヲ》曰《いハク》、

これを誉めていは《ワ》く、

「吾《わガ》盾之《の》堅《キコト》、莫《なキ》二能《よク》陥《とほス》一也《なリト》。」

「わが盾の堅きこと、よくとほ《オ》すなきなり。」と。

又《また》、誉《メテ》二其《そノ》矛《ヲ》一曰《ハク》、

また、その矛を誉めていは《ワ》く、

「吾《ガ》矛之利《リナルコト》、於《おイテ》レ物《ニ》無《キ》レ不《ざル》レ陥《サ》也《ト》。」

「わが矛の利なること、物においてとほ《オ》さざるなきなり。」と。

或《あるヒト》曰《ハク》、

ある人いは《ワ》く、

「以《もツテ》二子之矛《ヲ》一、陥《サバ》二子之盾《ヲ》一、如何《いかんト》。」

「子の矛をもつ《モッ》て、子の盾をとほ《オ》さば、いかん。」と。

其《ノ》人弗《ざル》レ能《あたハ》レ応《こたフルコト》也。

その人こたふ《ウ》ることあたは《ワ》ざるなり。

『韓非子《かんぴし》』

▼訓読の仕方

教 p.136～137

白文《はくぶん》	漢字だけの中国語の文章（漢文）。
訓読文《くんどくぶん》	訓点…（返り点・送り仮名・句読点）をつけて日本語として読むこと。
書《か》き下《くだ》し文	漢字仮名交じりの日本語の文章にしたもの。

●返り点…レ点　一・二点　上・下点

レ点…一字だけ上に返る。

例 [1]春 [2]眠 [5]不《ず》レ [4]覚《エ》レ [3]暁《あかつきヲ》。

一・二点…「一」「二」「三」のついた字に順に返る。

例 [1]青 [2]雲 [5]在《リ》二 [3]目 [4]前《ニ》一。

上・下点…「上」「中」「下」のついた字に順に返る。

例 [6]有《リ》下 [1]朋《とも》、[4]自《より》二 [2]遠 [3]方一 [5]来《タル》上、

▼竹取物語

教 p.117〜123　□重要語句

今は昔、竹取の翁《おきな》といふ《ウ》者(が)ありけり。
今となっては昔のことだが、竹取の翁という者がいた。

野山にまじりて竹を取りつつ、よろづ《ズ》のことに使ひ《イ》けり。
野山に分け入って竹を取っては、いろいろなことに使っていた。

名をば、さぬきの造《みやつこ》となむ《ン》いひ《イ》ける。
名は、さぬきの造といった。

その竹の中に、もと光る竹なむ《ン》一筋ありける。
その竹の中に、根もとの光る竹が一本あった。

あやしがりて、寄りて見るに、筒の中(が)光りたり。
不思議に思って、近寄って見ると、筒の中が光っている。

それを見れば、三寸ばかりなる人(が)、いとうつくしう《シュウ》てゐ《イ》たり。
それを見ると、三寸ほどの大きさの人が、たいそうかわいらしい様子で座っている。

教 p.121

大空より、人(が)、雲に乗りて下《お》りきて、土より五尺ばかり上がりたるほどに立ち連ねたり。
大空から、人が、雲に乗って下りてきて、地面から五尺ほどの宙に立ち並んでいる。

内《うち》外《と》なる人の心ども(は)、物におそは《ワ》れたるやう《ヨウ》にて、あひ《イ》戦は《ワ》む《ン》心もなかりけり。
家の内と外にいた人々は、物《もの》の怪《け》に取りつかれたようで、戦おうという気持ちは失《う》せてしまった。

教 p.122

過ぎ別れぬること(は)、返す返す本《ほ》意《い》なくこそおぼえはべれ。
時が過ぎ別れてしまうことは、返す返す残念に存じます。

脱ぎ置く衣《きぬ》を形見と見たまへ《エ》。
脱ぎ置く着物を私の形見と思ってご覧ください。

月のいでたらむ《ン》夜は、見おこせたまへ《エ》。
月が出た夜は、見(上げ)てください。

見捨てたてまつりてまかる、空よりも落ちぬべき心地《ここち》（が）する。

お見捨て申しあげて（おいとまして）いく私も、空から落ちてしまいそうな気がするのです。

教 p.123

中将《ちゅうじゃう》（が）取りつれば、ふと天《あま》の羽衣《はごろも》うち着せたてまつれば、翁《おきな》を、「いとほ《オ》し、かなし。」と

中将が（手紙と壺《つぼ》を）受け取ると、（天人が）さっと天の羽衣を（かぐや姫に）着せて差し上げたので、翁のことを「気の毒だ、かわいそうだ。」と

おぼしつることも失《う》せぬ。この衣（を）着つる人は物思ひ《イ》（が）なくなりにければ、車に乗りて、

お思いになっていたことも消え失せてしまった。この羽衣を着た人は、地上の人間としての感情がなくなってしまったので、天を飛ぶ車に乗って、

百人ばかり天人《てんにん》（を）具して、登りぬ。

百人ほどの天人を引き連れて、（月の世界に）昇ってしまった。

そののち、翁・嫗《おうな》（は）、血の涙《なみだ》を流して惑《まど》へ《エ》ど、かひ《イ》なし。

そののち、翁と嫗は、血の涙を流して悲しむけれど、どうにもしかたがない。

▼古典の仮名《かな》遣《づか》い

教 p.129

ア段・イ段・エ段＋う・ふ			語頭以外のハ行					ぢ・づ		ゐ・ゑ・を		
eu→yô	iu→yû	au→ô	ほ→お	へ→え	ふ→う	ひ→い	は→わ	づ→ず	ぢ→じ	を→お	ゑ→え	ゐ→い
例 けふ→きょう（今日）	例 うつくしう→うつくしゅう	例 やうやう→ようよう	例 おほし→おおし（多し）	例 伝へる→伝える	例 問ふ→問う	例 思ひて→思いて	例 いはく→いわく	例 よろづ→よろず	例 なんぢ→なんじ	例 をとこ→おとこ（男）	例 こゑ→こえ（声）	例 ゐる→いる（居る）

▼文法のまとめ

教p.226〜237

文節…文を不自然にならないようにくぎったときのまとまり。「ネ」「サ」を入れることができる。

●文節の関係

- 主述の関係 例 私が（主語） 行く。（述語）
- 修飾《しゅうしょく》・被《ひ》修飾の関係 例 白い 花が 咲いた。
- 並立《へいりつ》の関係 例 弟と 妹が 来る。
- 補助の関係 例 犬が ほえて いる。

品詞…単語を分類したもの。

- 自立語
  - 活用がない…主語になる…名詞（体言）
  - 活用がない…主語にならない…副詞・連体詞・接続詞・感動詞
  - 活用がある…述語になる…動詞・形容詞・形容動詞（用言）
- 付属語
  - 活用がない…助詞
  - 活用がある…助動詞

名詞 人や物、事柄《ことがら》などを表す。

普通《ふつう》名詞 固有名詞 数詞 形式名詞 代名詞

副詞 連用修飾語になる。

状態の副詞	例 ゆっくり・しばらく 例 きらきら・しとしと・ざーざー ＊擬態語《ぎたいご》・擬声語も含まれる。
程度の副詞	例 とても・少し・たいへん・だいぶ
陳述《ちんじゅつ》（叙述《じょじゅつ》）の副詞	例 たぶん・もし・きっと・ぜひ ＊決まった表現とともに用いられる。

連体詞 連体修飾語になる。

例 大きな・その・あらゆる・来たる

接続詞 接続語になる。↓p.12「接続する語句」

感動詞 独立語になる。

応答・挨拶《あいさつ》・呼びかけ・感嘆《かんたん》などを表す。